メルロ=ポンティの美学

芸術と同時性

川瀬智之

青弓社

メルロ＝ポンティの美学——芸術と同時性

目次

装丁——斉藤よしのぶ

まえがき

本書は、二十世紀のフランスを代表する哲学者の一人であるモーリス・メルロ゠ポンティの芸術論についての研究である。まず、彼の略歴をここに記しておこう。一九〇八年、ロシュフォール・シュル・メールに生まれた彼は、エコール・ノルマル・シュペリウールを卒業したのち、リセの教師などを務めながら、四二年に『行動の構造』、四五年に『知覚の現象学』を出版した。また、三歳年上のジャン゠ポール・サルトルらとともに雑誌「レ・タン・モデルヌ」を主宰し、ジャーナリズムの世界でも活動した。しかし、サルトルが在野の哲学者でありつつ小説家、批評家、劇作家と多彩な活動を展開していったのに対し、メルロ゠ポンティはリヨン大学講師、パリ大学教授、コレージュ・ド・フランス教授と、アカデミズムの世界で哲学者としてキャリアを積み重ねていった。六〇年には論文集『シーニュ』を、六一年には小品ながら彼の思想の根本を絵画論として示し、しかもそれ自身が芸術であるような美しい文体でつづった「眼と精神」を発表する。それと並行して彼は、『知覚の現象学』に続く大著となる『見えるものと見えないもの』の刊行に向けて推敲を重ねていた。しかし六一年、その完成を見ることなく、心臓発作でこの世を去った。

今日、メルロ゠ポンティの哲学を読むこと、そしてそのなかでも特に彼の美学思想あるいは芸術論を読むことにどのような意味があるのだろうか。彼が哲学者として活動を始めたのは一九三〇年代だから、もうすでに九十年近く前のことであり、また彼が亡くなったのは五十年以上前である。思想史的に言えば彼の思想は二十世紀半ばのフランスの実存主義や現象学の流れのなかに位置づけられているが、彼の存命中からすでに構造主義が台頭していたし、その後もポスト構造主義など、思想の最前線は次々に入れ替わってきた。現象学に限ってみても、彼の思想はサルトルと同じ時代に属するものという受け止め方がなされ、その後はエマニュエル・レヴィナス、ミシェル・アンリ、ジャン＝リュック・マリオンといった、のちに「顕現せざるものの現象学」と呼ばれることになる動きがむしろ大きくなっていき、メルロ＝ポンティはその前の世代（実際にはレヴィナスのほうが年上だが）に属していると考えられている。そうしたいわば直線的な歴史記述で言えば、メルロ＝ポンティはいかにも時代遅れのように見える。

芸術論という文脈で言えばどうだろうか。彼の芸術論は文学や映画、音楽についても扱っているとはいえ、その中心をなすのは、ポール・セザンヌやパウル・クレーといった画家たちによる絵画についての思考であることはよく知られている。しかしこれもまたよく知られているように、二十世紀後半以降、つまりちょうど彼が生きていた頃以後は、美術の世界では絵画はむしろ時代遅れのジャンルとして扱われることが多い。確かに、一九七〇年代半ば以降にはヨーロッパ、アメリカ、日本で絵画への回帰と言える動きがあったし、その後現在に至るまで絵画はまだ滅びたわけではない。しかし時代の先端と言える動きは絵画にはもはや求められていないというのが、二十世紀後半以後の美術に関する大方の理解ではないだろうか。その点で言えば、メルロ＝ポンティの絵画論は現代ではどこか懐かしい響きを帯びることは否定できない。

だが、私はメルロ＝ポンティが時代遅れだと考えたことはなかった。それは、私が彼の思想に関心をもつきっかけが現代美術だったということにむしろ理由がある。私は大学に入ってはじめて現代美術と呼ばれるものがあることを知った。マルセル・デュシャンやその流れにある現代美術に対して反発を感じ、その反発は現在に至るまで解消されていないものの、いくつかのきっかけから現代美術のなかのある種のものに対しては関心や共感を抱くようになった。その過程で知ったのは、一九六〇年代には日本で『知覚の現象学』や『眼と精神』といったメルロ＝ポンティの著作が刊行され、美術ばかりでなく演劇の分野も含めて、日本の芸術家たちがそれらの著作を読んでいたということである。これは日本に限ったことではなく、六〇年代のアメリカでも、『知覚の現象学』の英訳が出版され、現代美術のアーティストや批評家がそれを読み、自らの思考を展開した。特に絵画に関心をもっていた私は、メルロ＝ポンティと芸術家たちの関わりを知り、自然と彼の思想に関心をもつようになったのである。私にとってのメルロ＝ポンティのイメージは、絵画について根源的な思索をおこなった哲学者というものだった。そしてこの人の思想について研究すれば、絵画についても哲学についてもわかるようになるだろうというのが当時の私の直観だった。実際読んでみればメルロ＝ポンティは美学や芸術哲学の専門家ではなく哲学者として絵画を論じているので、彼の絵画論を理解するためには彼のそのほかの膨大な哲学的著作まで読まなければならないことがわかり絶望的な気分になったものだが、しかし私にとってメルロ＝ポンティは、芸術家にとってアクチュアルな意味をもつ哲学者という存在であることに変わりはなかったのである。

私は現在、芸術系の大学で美学を教えている。授業に出席しているのは美学や美術史を専攻する学生が多いが、アーティストを目指す実技系の学生もいる。授業ではメルロ＝ポンティを含む現代フランスの美学を扱っているが、時折、特にアーティスト志望の学生がメルロ＝ポンティの思想に強い関心を示すことがある。彼らの関心を引くのは、メルロ＝ポンティの、人も物もみな同じ生地に織り合わされているという思想のようだ。その生地のことを彼は肉と言う。彼がこの思想を表明してからすでに長い年月がたっているが、これに引かれる若い学生がいまも出てくるというのは、彼の思想が、たとえ最前線ではなくとも、思想としての命脈を保ち続けていることの証しであるのではないか。思想の最前線をめぐる栄枯盛衰の歴史とは別に、これから活動を始めていこうという若いアーティストを引き付ける魅力が彼の思想には宿っているのである。

メルロ＝ポンティの哲学の研究という面で言えば、フランス本国やアメリカ、そして日本にはすでにかなりの蓄積がある。特にフランスやアメリカでは驚くほどの数の研究書が毎年次々と刊行されている。日本ではそれほどの数ではないものの、彼の思想についての研究書は着実に刊行され続けている。しかし、芸術論については少し様子が異なる。フランスやアメリカでは、メルロ＝ポンティの芸術論についてもやはり多くの研究書が刊行されている。それに対して日本に関して言えば、単発的な論文はしばしば書かれているし、単行本の一部が芸術論にあてられているという場合はあるが、一冊の全体を使って芸術論を研究したものはほとんどないに等しい。哲学の分野とは違い、美学または芸術哲学の分野での研究対象としてのメルロ＝ポンティは、日本では、メジャーであるというイメージとは裏腹にまだ確立していないともいえる。そしてその点に、本書がもつ意義がある。本書で私が目指すのは、メルロ＝ポンティの芸術論を、彼の哲学全体の展開のなかに位置づけて理解することとともに、逆に彼の芸術論を通して、彼の哲学全体の展開を明らかにすることでもある。

本書のために奥行きと同時性という概念をキーワードとして選んだのは当初は偶然だったが、研究を進める過程でこれらの概念が彼の思想の構造や展開を明らかにするうえで不可欠なものであることがわかってきた。そしてそれらの概念が、メルロ＝ポンティの芸術論の様々な側面を一つにまとめるものでもあることにも気づいた。本書の副題にこの二つの概念のうち奥行きは含めずに同時性だけを用いたのは、最終的にはこの時間の問題こそが、彼の思想の根幹をなすものだと考えたからである。これらの概念を中心に置いて論じたために、メルロ＝ポンティの芸術論についての研究だけで一冊の本をまとめることにはならなかったが、それでも、これまでに出版されたメルロ＝ポンティ研究書のなかでは本書は特に彼の芸術論に焦点を当てたものになっているはずである。

本書はメルロ＝ポンティに関する専門的な研究書の部類に入るものであり、美学や哲学の専門家ではない人の目には触れにくいかもしれない。しかし筆者としては、本書の出版が日本でのメルロ＝ポンティの芸術論の理解に寄与し、それがひいてはアーティストを含めた研究者以外の人々に彼の思想がこれまで以上に広く知られていくきっかけになることを望んでいる。

凡例

1、メルロ＝ポンティの著作と略号は以下のとおりである。本文中では略号とページ数で示す。

SC: *La structure du comportement,* Presses universitaires de France,［1942］1990.
PP: *Phénoménologie de la perception,* Gallimard, 1945.
SNS: *Sens et non-sens,* Gallimard,［Nagel, 1948］1996.
S: *Signes,* Gallimard, 1960.
VI: *Le visible et l'invisible, suivi de Notes de travail,* Claude Lefort（texte établi par）, Gallimard, 1964.
OE: *L'œil et l'esprit,* Gallimard, 1964.
RC: *Résumés de cours: Collège de france, 1952-1960,* Gallimard, 1968.
PM: *La prose du monde,* Gallimard, 1969.
N: *La nature: Notes, Cours du Collège de France,* Dominigue Ségland（étabil et annoté par）, Seuil, 1995.
NC: *Notes des cours au Collège de France 1958-1959 et 1960-1961,* Stephanie Ménasé（texte établi par）, Gallimard, 1996.
PPCP: *Le primat de la perception et ses conséquences philosophiques*（*exposé du 23 novembre 1946*）, Verdier, 1996.
P: *Parcours 1935-1951,* Verdier, 1997.
NCOG: *Notes de cours sur L'origine de la géométrie de Husserl, suivi de Recherches sur la phénoménologie de Merleau-Ponty,* Renaud Barbaras（sous la direction de）, Presses universitaires de France, 1998.
PD: *Parcours deux 1951-1961,* Verdier, 2001.
IP: *L'institution dans l'histoire personnelle et publique: Le problème de la passivité, le sommeil, l'inconscient, la mémoire. Notes de cours au Collège de France*（*1954-1955*）, Dominique Darmaillacq, Claude Lefort et Stéphanie Ménasé（textes établis par）, Belin, 2003.

2、外国語文献からの引用にあたっては、邦訳がすでに存在する場合は常に参照したが、訳文は筆者によるものである。既訳を用いた場合は該当の翻訳の文献情報を示した。

3、本書における記号の使用は次のとおりとする。

（1）原文（メルロ＝ポンティおよび他の著作者による。以下同様）で大文字で始まっている語は〈　〉で示した。

（2）原文でイタリック体が用いられている語には傍点を付した。

（3）原文で引用符が用いられている語や文は「　」で示した。

（4）原文で、フランス語以外の言語が用いられている場合、および本書のキーワードとなる語は、日本語の訳語のあとに原語を示し（　）で示した。

（5）引用文のなかで、（　）のなかが日本語の場合はメルロ＝ポンティ自身による補足を示している。

（6）講義録などの編者による補足は［　］で示した。

（7）川瀬による補足は〔　：引用者注〕と示した。

（8）メルロ＝ポンティの講義録や講義ノートにおいて、原文にドゥ・ポワン（：）とポワン・ヴィルギュル（；）が用いられている場合は、日本語に訳さず、そのままの表記とした。

（9）哲学や小説の作品名は『　』、美術作品名は《　》で示した。

序

メルロ゠ポンティは、狭い意味での哲学ばかりでなく、絵画、文学などの芸術や、歴史など幅広い対象についての著作活動をおこなった。彼の思想の全体を視野に収め、その展開をたどることは容易なことではない。

しかしそうした幅の広さのなかにもやはりいくつかの重要な概念は存在し、それが議論の対象の多様性を、一人の思想家の活動としてまとめていることがわかる。そうした概念を取り上げて用例を挙げ、用法の変化をたどれば、彼の思想の変化を大きな流れとして捉えることができる。本書で取り上げるメルロ゠ポンティの概念は、奥行き（profondeur）と同時性（simultanéité）である。

一九四〇年代のメルロ゠ポンティの著作である『行動の構造』と『知覚の現象学』で、奥行きとは、ある空間で知覚される対象がどの程度知覚者から離れているかという場合の、その距離、またはその対象の、知覚者に近い側と遠い側との間の距離のことである。奥行きの知覚が可能なのは、現在の知覚が対象についての過去や未来の知覚を同時的に含んでいるからである。

さらにメルロ゠ポンティは、現在までに積み重ねた経験の連続のなかで、過去の経験は現在の経験のうちに同時的に奥行きとして含まれていると言う。これは空間的な意味での奥行きとは異なった意味での奥行きである。メルロ゠ポンティにはこれら二つの意味の奥行き概念が存在し、どちらでも同時性が問題になる。

晩年には、彼は見えるものの知覚を成立させる〈存在〉の全体を奥行きの語で示すようになる。〈存在〉とは、感じることができるものとして人も物もそこに織り合わされている生地であるところの肉と、知覚によって生じた諸理念を含むものだが、その全体が、知覚される対象の背後に同時的にある奥行きだと言うのである。そして、そこで成立する知覚によって、対象は高さや幅といった諸次元以前の根源的な空間経験としての奥行きをもっているものとして見える。それはその対象についての両立しえない様々な視覚が同時的に共存するからである。このように、メルロ＝ポンティの思想では、初期から晩年に至るまで、二つの意味での奥行きと、同時性という概念は密接な関係をもっている。だからこそ、それらの概念間の関係を解きほぐすこと、そしてその関係の展開をたどることで、彼の思想の全体像を描き出すことができると考えられるのである。

これらの個別の概念については、メルロ＝ポンティについての先行研究でも扱われている。マルク・リシールは、晩年のメルロ＝ポンティの、見えるものの背後の見えないものとしての奥行き論を、エトムント・フッサールの射映の問題との対比で考えている。フッサールは継時的に現れる射映と、それらに対して統整的理念として機能する意味との関係を考えたが、そこでは見えないものは、単にいま見えていないだけでいずれは見えるものと考えられている。それに対してメルロ＝ポンティの場合には、見えないものとは、見えるものの現れを成立させているものである。リシールはこの見えないものが奥行きであり、「それ〔奥行き：引用者注〕をめぐって、メルロ＝ポンティの仕事全体が組織されている[1]」と言う。ただし、リシールが言及しているのはメルロ＝ポンティの晩年の奥行き論だけである。しかも、どのようにして見えないものとしての奥行きが見えるものの成立に寄与するのかについて、彼は何も説明していない。ルノー・バルバラスもやはりこの概念に注目し、「メルロ＝ポンティの空間についての反省の全体が、奥行きについての省察に中心を置いている。奥行きでは空間性の原初的な経験が特権的な仕方で読み取られる[2]」と言う。「物が離れてあるからこそ物がそこにあるのではなく、物がそこにあるからこそ物は離れてあるのである」「〈そこ〉は（略）絶対的である[3]」という文章からすると、彼が言う「空間性の原初的な経験」とは、知覚者から知覚される物の間の、計測される距離ではなく、知覚される物がまさにそこにあるというその経験のことであり、それが奥行きである。しかしバルバラスもリシールと同様にメルロ＝ポンティの奥行き論を一元的に理解していて、思想の展開を考慮に入れていない。日本では家高洋がメルロ＝ポンティの前期・中期の空間の思想を前面に押し出した研究を公表している[4]。そのなかで家高はメルロ＝ポンティの前期・

後期思想の奥行き概念を重視していて、その点で諸先行研究に連なるものであるとともに、本書と関心を共有してもいる。しかし『メルロ＝ポンティの空間論』という書名が示すとおり、家高の関心は空間論にあり、さらに家高自身が認めているように「他者とそのパースペクティヴ」という問題を残していて、それは純粋に空間的な奥行きの問題としては論じることができないものである。[5] 本書の立場からすれば、その解決には、先に述べた二種類の奥行き概念の区別と同時性の概念が必要である。

同時性の概念については、一九九〇年代半ば以来進んでいるメルロ＝ポンティの遺稿の出版の前と後では研究の状況が異なる。それ以前にも、この概念が存在することに気づかれていなかったわけではない。いま触れたバルバラスが時間論に関してこの概念に短く触れている。彼によれば、現在が過去に移行するという場合に、現在を純粋な現前として、過去を純粋な不在として考えると、純粋な現前である現在から純粋な不在である過去への移行が説明できない。したがってこの移行を説明するためには、現在がすでに自らそれへと移行する過去であると考えなければならない。このことをバルバラスは「到来する諸現在はすでにそれらがなるであろうところの全ての過去である」[6]と言い、そのことを「過去と現在はまさに「同時的」である」[7]と言う。だがバルバラスのこの議論は同時性の概念を主題として扱ったものではないし、彼が指摘する同時性は、メルロ＝ポンティがこの語で示そうとした事柄のごく一部にしか関わっていない。

研究状況の変化は一九九〇年代半ばに訪れる。九六年に出版されたメルロ＝ポンティ晩年のコレージュ・ド・フランスの講義ノートでは、延べ五十ページ以上にわたる芸術論が同時性概念を軸に展開していて、この概念が彼の芸術論にとっていかに重要だったかを示している。[8] 絵画に関してメルロ＝ポンティは、レオナルド・ダ・ヴィンチの視覚論を参照しながら、知覚では想像的なものが大きな役割を果たしていて、ルネ・デカルトが「屈折光学」で論じているような投影をモデルとする視覚論では、視覚の真実を明らかにすることができないと論じている。この議論は、同時期の『見えるものと見えないもの』での、知覚と、その背後にあって知覚を成立させる想像的なものの同時性についての議論に関連する。さらにメルロ＝ポンティは、文学作品に描き出された同時性に注目する。例えばマルセル・プルーストの『失われた時を求めて』では、過去の経験はそれを経験した者のうちに残存し、「同時性のピラミッド」（NC197）をなしている。現在という時間的地点はこの過去のピラミッドの頂点に位置し、それらの過去の経験を、同時的に足元に保っている。またポール・クローデルの『繻子の靴』では、一度生じたことは現実に対する「影」として永遠に消滅しないとされるが、メルロ゠ポンティは、これを自らの知覚論に結び付ける（NC201-202）。さらにクロード・シモンの小説では、現在の知覚のうちに何らかの感覚印象をきっかけに過去の様々な記憶が無秩序によみがえるさまが描かれているが、これについてもメルロ゠ポンティは過去と現在の同時性という時間のあり方を記述していると言う（NC204-220）。

このように芸術論で同時性が重要な位置を占めていることが理解されると、芸術論以外の場面でのこの概念の使用にも脚光が当たることになる。こうした状況を受けて近年、ファブリス・コロンナやマウロ・カルボーネが、この概念を中心的に扱った論文を発表している。カルボーネは、セザンヌとプルーストを反射鏡としてメルロ゠ポンティの思想の歩みをたどった研究書で、メルロ゠ポンティのプルースト読解を同時性の観点から分析している。彼によれば、『知覚の現象学』のメルロ゠ポンティは、フッサール的な連続的時間論をもとにして、プルーストの小説『失われた時を求めて』の間歇的な記憶のよみがえりを論じていた。だが、フッサールとプルーストには記憶の連続性に関して立場の違いがある。カルボーネは、『見えるものと見えないもの』でのメルロ゠ポンティが現在と過去の同時性を論じることによって、意識を前提とする連続的時間の表象を免れていて、プルーストの記憶の間歇的性格をうまく記述しえていると主張する。(9) コロンナは、アンリ゠ルイ・ベルクソン、エルヴィン・シュトラウスやポール・クローデルと比較しながら、メルロ゠ポンティの思想を同時性の哲学として特徴づけようとする。コロンナが言うのは次のようなことである。メルロ゠ポンティの時間論で、過去と現在は同時的であるとしていて、それは、ベルクソンの『物質と記憶』に類似した議論である。しかし、ベルクソンとメルロ゠ポンティの違いは、後者がこの同時性を単に時間の問題としてではなく、空間と時間の連動したあり方のなかで考えた点である。その点でメルロ゠ポンティの議論は、シュトラウスの空間的に離れた対象についての過去や未来の経験が現在と同時的であるという議論や、クローデルの地球上の様々な場所で生じている出来事が、同じ一つの推力によって同時的に生じているという議論と共通するものである。[10] また加國尚志も同時性の概念に注目している。加國は、詩人・劇作家のクローデルとメルロ゠ポンティとの関係という論点のためか、本書とは少し異なった立場からこの概念を理解しているようであり、本書の議論にうまく組み込むことができなかった。ただし、加國の議論は研究史で重要な意味をもつものである。[11]

さて、カルボーネやコロンナの論文は、同時性概念に関する思想史的展望のもとにメルロ゠ポンティの哲学を捉える道を開くものでもあった。実際、メルロ゠ポンティの同時性概念を扱うことは、彼をこれまでにはなかったパースペクティヴのなかで捉えることにつながる。同時性の問題を扱った思想は古くは古代ギリシャにまでさかのぼることができるが、二十世紀に限ってみても、メルロ゠ポンティが取り上げたクローデル、プルースト、ロベール・ドローネー、ベルクソンといった人々が挙げられる。同時性の概念を取り上げることによって、ほかの哲学者や芸術家との関係でメルロ゠ポンティが占める位置、その独自性を明らかにすることが可能になる。[12]

しかし、私が知るかぎり、奥行きと同時性の二つの概念を互いに密接な関係にあるものとして正面から主題化し、メルロ゠ポンティの思想行程の全体にわたってその両概念の関係やその変化をたどった研究はない。先に名を挙げたバルバラス、カルボーネとコロンナ、家高、加國らがそれぞれの研究でこれらの概念を論じているが、著作全体にわたるというわけではない。例えばバルバラスは、根源的な空間性としての奥行きでは、空間は等質的なものではなく、そこに現れる物も等質的空間のなかに位置づけられたものではないとする。そこでは、いま見られている事物は、それを雰囲気のように取り巻くほかの諸事物、「周囲と溶け合って[13]」いて、そこに後から現れるだろうものとも結び付いている。そこから、空間的な知覚でも「現在と過去は同時的[14]」だということになる。だが彼は、どのようにして眼前の事物と周囲の事物とが「溶け合って」いるのかについては説明せず、さらに奥行きばかりでなく同時性についても、メルロ゠ポンティの思想の展開を追うということをしていない。カルボーネは、「眼と精神」で絵画が描くものとされているのは、等質的な空間での、高さや幅に次ぐものとしての奥行きではなく、高さや幅といった次元がそこからの抽象であるような空間経験としての奥行きであることを説明する過程で、そこではもろもろの事物が同時的であるというメルロ゠ポンティの文章を引用するだけである。[15]コロンナは、メルロ゠ポンティが同時性について時間だけでなく空間の観点からも論じていることを述べる際に、その議論をシュトラウスの空間論と関連づけ、遠く離れたところにある事物の知覚では、過去と未来が現在と同時的だとしていることを指摘する。[16]しかしコロンナが扱っているのは、メルロ゠ポンティが奥行きと同時性の関わりについて述べていることのうち『知覚の現象学』に見られる一部についてだけであり、彼にはこの両概念の関係の展開をたどるという意図は全くない。先に挙げた家高の著作はメルロ゠ポンティの奥行き論を時間性の観点から論じていて、これも本書と関心を共有している。しかし、同時性の概念は、そのなかでおそらく潜在的には予想されているはずだが、あまり強調されていない。[17]

本書はこれらの先行研究とは異なって、奥行きと同時性の両概念の絡み合いとその展開をたどることをその目的とする。これによってメルロ゠ポンティの晩年の概念である〈存在〉を、それらの概念と密接な関わりをもつものとして理解することが可能になり、さらには、彼の思想の展開の意義を明らかにすることができる。

第1章「『行動の構造』『知覚の現象学』での奥行きと同時性」では、『行動の構造』と『知覚の現象学』を中心とした初期の思想の奥行き、同時性の両概念を検討する。メルロ゠ポンティはこれらの著作で、距離の意味での奥行きの経験を重視している。奥行きは見えず、ほかの指標によって判断されるとしたジョージ・バークリなどと違って、メルロ゠ポンティは、奥行きは一挙に、しかも考えることなしに知覚できると考える。

さらにメルロ゠ポンティは『行動の構造』『知覚の現象学』でもうひとつの奥行きの概念を用いている。それはゲオルク・ヴィルヘルム・フリードリヒ・ヘーゲルの『歴史哲学講義』に由来するもので、現在の経験のうちに、過去の経験が失われずに残存し、その一部としての意味を与えられていることを指す。例えば物理的システムから精神に至る弁証法では、現在の精神は、それに先立つ過去の過程を含んでいる。それは、現在が奥行きをもっているということである。

この二つの用法での奥行きは、『知覚の現象学』の知覚の時間過程についての議論で接点をもっている。そこで重要になるのが本書で取り上げるもう一つの概念、同時性である。知覚対象の奥行きが一挙に知覚できるのは、その対象について現在よりも前になされた知覚と、後になされるだろう知覚が、現在の知覚のうちに同時的に含まれているからである。そしてこれが可能なのは、過去に関するかぎりでは、知覚過程で現在の知覚が過去の知覚を奥行きのうちに含んでいるからである。その点で二つの奥行き概念は同時性概念を媒介として接点をもっている。

第2章「制度論での奥行きと同時性」では一九五〇年代前半の制度論を検討する。過去の行為の結果は、より新しい行為が出現する場を開き、またその新たな行為によって捉えなおされ、新たな意味を与えられる。そのような相互的関係で、過去の行為が生み出したものは、制度と呼ばれる。メルロ＝ポンティはこの制度をも、現在がそのうちに同時的に含む奥行きと考える。それは第1章で検討する、現在に先行する過去としての奥行きとそこでの同時性の概念を拡大したものである。

第3章「〈自然〉〈存在〉の思想史講義での現在と過去の関係」では、メルロ＝ポンティがおこなった一九五〇年代後半の一連の思想史講義で彼の制度論が〈存在〉〈自然〉といった概念に結び付けられていることを見る。彼のシェリング論はその〈自然〉〈存在〉の概念のうちに、反省に先立つ知覚世界に相当するものを見いだし、ベルクソン論は持続としての〈自然〉〈存在〉で過去が保存され続ける点を指摘する。またハイデッガー論は、忘却されつつ現在の思考の枠組みを形成し続ける存在の概念に注目している。

第4章「肉の概念と知覚における想像的なもの」以降では、晩年のメルロ＝ポンティの思想を検討する。「眼と精神」では、現在眼前にあるものは、高さ、幅、そして距離もがそこから抽出される、嵩の経験、物がまさにそこにあるという経験としての奥行きをもって現れるとされる。ここでは奥行きと距離とは同じではない。また『見えるものと見えないもの』では、見る者も奥行きのうちに含まれると言う。これらの記述が意味するところを探るため、第4章では肉の概念を検討する。見る者と見られるものとは、ともに肉である。そして見ることは、現在の知覚が、過去に見られたもの、未来やよそで見られるものとの弁別的関係によって成立することである。

第5章「〈存在〉の概念と奥行き、同時性」では、〈存在〉概念を中心に扱う。〈存在〉は、肉と、知覚から生成した理念の双方を含む。そしてその全体を同時的に背後にもち、それを奥行きとすることによって知覚は成立する。「眼と精神」と『見えるものと見えないもの』の二つの奥行き概念は、個々の事物が〈存在〉の原型であるという点で密接に関わっている。

このようにメルロ＝ポンティの著作で奥行きと同時性の概念を論じている箇所を見ていくと、両者が彼の思想のうちの二つの流れに属していることがわかる。一つは制度や歴史に関わる流れであり、もう一つは空間の知覚に関わる流れである。この二つの流れは互いに基本的に独立しながらも、交錯し、絡み合っている。これらの流れとその絡み合いをたどることによって、彼の思想の全体は、意識の哲学からの脱却の過程という様相をもって現れてくる。

以上に述べたように、本書は、メルロ＝ポンティの思想を広い歴史的文脈で捉えるという可能性を念頭に置きながらも、議論の対象をメルロ＝ポンティ自身の思想の展開に絞る。メルロ＝ポンティは多くの芸術論を残している。それを中心に取り上げ、彼の芸術論の特徴を明らかにする作業はすべきではあるが、本書では、前記のような議論の組み立てのため、芸術論を中心的主題にするわけにはいかない。しかし、メルロ＝ポンティは、自らの思想を展開していくうえで、芸術を、主に自らの哲学的議論のための例証や手がかりとして用いていて、そのことは奥行きや同時性の概念の議論についてもあてはまる。本書では、メルロ＝ポンティがそれらの概念を論じるにあたって、どのように芸術を自らの議論の支えや手がかりとしているかを、できるかぎり論じていくことにする。

注

（1）Marc Richir, “La défenestration,” *L'Arc*, 46, 1971, p. 40.

（2）Renaud Barbaras, *De l'être du phénoméne: Sur l'ontologie de Merleau-Ponty*, J. Millon, 1991, p. 238.

（3）*Ibid.*, p. 242.

（4）家高洋『メルロ＝ポンティの空間論』大阪大学出版会、二〇一三年

（5）同書一八七ページ

（6）Barbaras, *op.cit.*, p. 259.

（7）*Ibid.*, p. 258.

（8）Maurice Merleau-Ponty, *Notes de cours 1959-1961*, Gallimard, 1996.

（9）Mauro Carbone, *La visibilité de l'invisible: Merleau-Ponty entre Cézanne et Proust*, G. Olms, 2001, pp. 119-130, Mauro Carbone, *The Thinking of the Sensible: Merleau-Ponty's A-Philosophy*, Northwestern University Press, 2004, pp. 1-13.

（10）Fabrice Colonna, “Merleau-Ponty et la simultanéité,” *Chiasmi International*, 4, 2002.

（11）加國尚志「「共同出生と同時性」――メルロ＝ポンティの哲学におけるクローデル文学の受容をめぐる一考察」、姫路獨協大学一般教育部編『姫路人間学研究』第二巻第一号、姫路獨協大学一般教育部、一九九九年、同『沈黙の詩法――メルロ＝ポンティと表現の哲学』晃洋書房、二〇一七年

（12）パスカル・デュポンはメルロ＝ポンティの概念を集めた辞典を執筆し、最近その増補版を出版したが、増補にあたって追加した概念のなかに同時性がある（Pascal Dupond, *Dictionnaire Merleau-Ponty*, Ellipses, 2007, pp. 191-194)。この項目を追加したのは、増補版だからというばかりでなく、近年のこの概念への注目の反映であるとも言える。

（13）Barbaras, *op.cit.*, p. 244.

（14）*Ibid.*, p. 261

（15）Carbone, *La visibilité de l'invisible*, p. 116.

（16）Colonna, op.cit., pp. 219-221.

（17）家高の著作の索引は同時性の語を挙げているが、該当ページは指示していない。

第1章　『行動の構造』『知覚の現象学』での奥行きと同時性

1　空間的な奥行きの知覚

まず、メルロ＝ポンティの初期の著作の空間的な意味での奥行きについての議論を検討する。奥行きの概念は、まず『行動の構造』（一九四二年）に登場する。その第四章「心身の諸関係と知覚的意識の問題」の冒頭で、メルロ＝ポンティは、反省され語られる知覚ではなく、知覚の主体によって経験されるがままの知覚へと立ち返り、それを記述しなければならないと主張する。その議論の過程で、奥行きに関する記述がある。

パースペクティヴは、諸物の主観的変形としてではなく、逆に、それらの物の属性、おそらくそれらの本質的属性の一つとして私に現れる。知覚されたものがそれ自身のうちにある隠された、くみ尽しえない豊かさを持ち、それが一つの「物」であるようにするのはまさにそのパースペクティヴである。言い換えると、人が認識のパースペクティヴ性のことを語るとき、その表現は曖昧なのである。その表現は、諸対象のパースペクティヴ的投影だけが原初的な認識に与えられるということを意味しうるので、この意味でその表現は不正確である、というのも子どもが最初に行うもろもろの反応は、例えば、諸対象の距離に適応させられている。このことは、最初は奥行きをもたない現象的世界という観念を排除する。（SC201）

物の知覚は、その射映を通じてしかおこなわれない。しかしそれは、知覚者の身体の有限性によって常に対象と知覚者との間に射映が介在し、対象の直接的な知覚を阻害するということではない。例えば立方体を見る場合に、その知覚は、「それによって私が、継起するいくつもの見かけを結び付ける判断」（SC202）によってなされるのではない。メルロ＝ポンティは、「物の可能な様相の一つでしかないことを私が知っているパースペクティヴ的様相のうちに、私はそれを超越する物そのものを捉える」（SC202）と言う。つまり、複数の射映を判断によって結び付けるのではなく、そうした射映のうちに、ただちに対象がそれとして知覚されるのである。対象が常にパースペクティヴにおいて変形を受けて現れることこそ、その対象が常に私にとって見えない面をもっていて、私にとってくみ尽くせないものであることの証しである。パースペクティヴでこそ、対象の単なる現れではなく、対象そのものが知覚される。そして奥行きも、そうした射映だけが最初に与えられて、しかるのちに判断されるというものではなく、射映で子どもに現れる世界は、すでに奥行きをもった世界なのである。

反省的態度によって知覚を説明することで生きられるがままの知覚のありようを取り逃がしてしまうようなやり方に対して、奥行きの知覚を対置するという方法は、一九四五年に発表した『知覚の現象学』でもおこなわれている。メルロ＝ポンティは奥行きの知覚がどのようなものかについて、経験論と主知主義がとるだろう考え方を批判しながら議論を進める。経験論者であれば、立方体の図の事実的要素に、その図形が実際に存在した場合に、その近くから、側面からなど、様々な角度から見られるだろう立方体のほかの様々な外観を連合させるだろう。メルロ＝ポンティはこれに対して、立方体の図形を見るときに、人はそのようなイメージを自らのうちに見いだすことなどはしないと言う。そうした様々な外観は、奥行きの知覚を取り崩したものであり、奥行きがそれらの外観から結果するのではなく、むしろ奥行きの知覚のほうがそれらの外観を可能にするのである（PP305）。また、主知主義の立場に立つ者は、こうした様々な外観の可能性をつかむことができる行為とは思考、すなわち六つの等しい面と十二の等しい辺からなる堅固なものとしての立方体についての思考だと言うだろう。そしてその場合には、奥行きとは、互いに等しい面や辺の共存以外の何ものでもない（PP305-6）。これに対してもメルロ＝ポンティは、帰結にすぎないものを定義にしてしまっていると言う。奥行きがなければ、等しい六つの面や十二の辺などということも意味をもたない（PP306）。彼は、経験論と主知主義のこうした誤謬は、双方ともが奥行きを横からの幅と同一視して正面からは見えないものであるとすることによって、そしてこの横から見えるだろう幅を正面からでは見えない奥行きに代えるために、世界に対する主体の視点、主体が占める位置を放棄していることによって生じるとする（PP295）。これは神だけがもちうる視点であり、人間の視覚の説明にはなっていないのである（PP295-296）。

　これに対してメルロ＝ポンティは、身体による奥行きの知覚を強調する。

> 同様に奥行きと大きさが諸事物に生じるのは、あらゆる基準物以前に遠近、大小を決定する、距離と大きさのある水準との関係でそれらが位置付けられるからである。（PP308）

ここである水準と言っているのは、身体が周囲の世界との関係でもつ「射程」（PP308）のなかで、対象が身体に対してどの程度の関わりをもつかということである。この関係でなされる知覚によって、対象は奥行きをもったものとして知覚できる。[1]

　具体的には奥行きはどのように知覚されるのか。われわれは立方体の側面を構成する面をただちに斜めから見られた正方形として価値づけるのであり、それをひし形として見るなどということはしない（PP306）。メルロ＝ポンティによれば、そのときに起こっているのは次のようなことである。

互いに排除し合う諸経験への、しかしこの同時的な現前、ひとつの経験のほかの経験へのこの含み込み、可能なプロセス全体の、ただひとつの知覚行為への縮約、これらのことが奥行きの独自性をなしているのである（略）。(PP306)

ここでメルロ＝ポンティが言っているのは、一方向から見られたただひとつの知覚のうちに、その立方体の様々な角度から見られた眺めが、考えられることなしに一挙に含まれ、縮約されているということである。具体的にはここで「互いに排除し合う」のは、横側の面のひし形を知覚することと、その同じ面を正方形として知覚することである。そして、ひし形を知覚することのうちに、正方形として知覚することが含まれている。これについてメルロ＝ポンティは、記憶の問題との類比によって論じている。

記憶は順次、ある瞬間からほかの瞬間への連続的な移行に、そしてその地平全体を伴ったそれぞれの瞬間の、続く瞬間の厚みのなかへのはめ込みに基づいて生み出される。同じ連続的移行が、その「真の」大きさをもった、あそこにあるがままの、そして結局のところ私がそのそばにいたならそれを見るであろうがままの対象を、それについて私がここからもつ知覚のうちに含み込むのである。(PP307)

ここでは側面の形ではなく対象の大きさを問題にしているが、現在私がいる地点から離れたところにある対象の知覚において、いまここからのその対象の大きさの知覚は、その対象のそばでその大きさについてなされるだろう知覚を含んでいる。このことを、メルロ＝ポンティは記憶のあり方との類比によって論じている。

記憶についてここで言われていることは、彼の時間論に基づいている。そこでメルロ＝ポンティが時間についてどのように考えているかを見てみよう。メルロ＝ポンティは、「いまの連続(2)」(PP471) という時間理解のあり方を批判する。「時間が流れる」という、日常的によく用いられる表現もこの時間理解の表れである。これについてメルロ＝ポンティは「時間とは、私がただそれを記録すればいいような、ひとつの実在的な過程、ひとつの実際の継起ではない。時間は諸物との間の私の関係から生まれる」（PP471）と言う。私との関係という契機を外せば、世界のうちには時間というものはなく、あるのは現在だけである。何かの物が変化することがあっても、変化する前の状態も、変化した後の状態も、現在であり、それを前後という関係で理解するのは人間である。しかしだからといって時間が意識によって構成されるということでもない。以下の引用は、意識が時間を構成すると考えた場合についてのメルロ＝ポンティの説明である。

それ〔意識：引用者注〕はある過去、ある未来から、ある現在へと自由にたどるが、この過去と未来は意識から遠くにあるのではない、というのも意識がそれらを過去と未来へと構成するからであり、それらが意識の内在的対象だからである。そして現在も、意識の近くにあるのではない、というのも現在は意識がそれと過去や未来との間に措定する諸関係によってだけ現在であるからである。（PP474）

意識が過去と未来と現在の関係を措定するのだとすると、意識にとってはそれらがもつ意味はどれも同じである。そこからメルロ＝ポンティは、ここで考えられているのは「「いま」の連続、それも、誰もそこに巻き込まれていないのだから誰に対しても現れない「いま」の連続」（PP474）だと言う。ここでは、時間は過去、現在、未来の諸次元が意識の前に並べられたものにすぎない。実在的時間と、意識によって構成される時間という、このどちらの考え方でも時間は捉えられないのである。

これに対してメルロ＝ポンティは、フッサールの時間論を持ち出す。以下の引用はフッサールが「過去把持」について述べたものである。

> しかし、意識の顕在的ないまの各々はいずれも変容の法則に支配されている。それは過去把持の過去把持へと変化するのであり、しかも絶えずそうなのである。それゆえに、それぞれのより遅い点が、それぞれのより早いものにとって過去把持であるような、過去把持の絶え間のない連続が生じるのである。(3)

フッサールの『内的時間意識の現象学』に基づいた時間図表をメルロ＝ポンティは『知覚の現象学』に掲載し、それを、自らの考えに合致するものと考えていた（図1）。この図表で時間はA、B、Cと進む。Bに到達したいまは、直前のいまであるAをA'として含む。それが過去把持である。次にCに至ったいまはBをB'として把持し、さらにこのB'はA'をA''として把持する。時間の流れのなかで現在は点ではなく、ある程度の広がりをもっていて、直前の過去を過去把持という仕方で保持している。この現在が流れ去ると、それは新たな過去として新たな現在のうちに把持される(4)（PP477）。いまと過去、未来とは、複雑な連鎖の関係にある。このようにフッサールは過去把持の過去把持という仕方での時間のあり方を考えている。

　もちろん、メルロ＝ポンティはフッサールの時間論を持ち出すことで事足りるとしたわけではない。彼はこのフッサールの時間論を身体的知覚に結び付ける。

> みつめる行為は、対象が私の固視の運動の果てにあるのだから予見的だが、しかしまた、対象がその出現以前のものとして、「刺激」、動機あるいはそのはじまり以来の過程全体の原動力として与えられるのだから、それと不可分に回顧的でもある。（略）固視の運動のそれぞれで、私の身体は、現在、過去、未来を一緒に結び付け、時間を分泌するのである。（PP276-277）

対象を知覚するとき、知覚者は見えるべきものが見える未来へと向かいながら、最初に見た色や光を組織しつつ、それらを過去へと移す。知覚は現在の主体としての身体の「まなざす行為」、すなわち視線を向け、焦点を合わせる行為を中心に過去と未来が組織されることによっておこなわれる。逆に言えば、こうした身体による知覚のあり方が、時間を生じさせるのである。

風景の知覚も、身体の運動や時間の構造と連動している。

> 空間的地平を伴った私の知覚野を介して、私は私の周囲に現前しており、私はかなたに広がるほかの全ての風景と共存している。そしてこれら全ての眺望は一緒に唯一の時間の波、世界の一瞬を形成している。時間的地平を伴った私の知覚野を介して、私は私の現在や、それに先行する過去の全体、そしてある未来に現前している。（PP381-382）

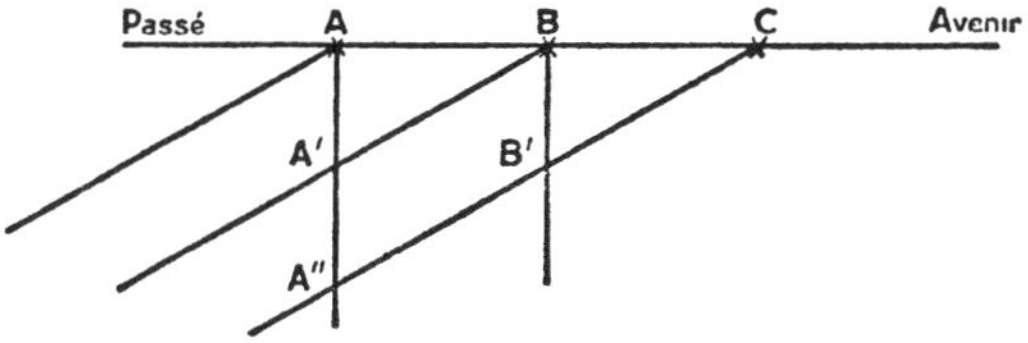

d'après Husserl (*Zeitbewusztsein*, p. 22).

Ligne horizontale : série des « maintenant ». Lignes obliques : Abschattungen des mêmes « maintenant » vus d'un « maintenant » ultérieur. Lignes verticales : Abschattungen successives d'un même « maintenant ».

図1　『知覚の現象学』の時間図表（PP477）

かなたに広がる風景は、私がその近くでいつか見るだろう、あるいはすでに見た風景である。知覚野で遠くに知覚されるものは、過去や未来に関わるものとして知覚されているのであり、空間的な距離と時間的な距離は連動している。風景の具体的な知覚もこの連動のなかでおこなわれている。

> 私が見ている風景は確かに丘の背後に隠れているものの姿を私に告げることができる。（略）ここには牧場があり、あそこにはおそらく林があるだろう。そして、いずれにせよ、近い地平線の向こうに、大地や海があるだろうということしか私は知らない。さらに向こうには極地の氷が張っていない海か凍った海、さらに向こうには（略）。同様に、次から次へと、それぞれの過去が全体として、それに直接に続くより近い過去のうちに諸志向性の入れ子構造によって閉じ込められるが、過去はぼやけていく（略）。

（PP382）

いまここから見える風景は、その背後にあるものを私に知らせる。牧場の向こうには林があり、その先には海がある。そのようにして、風景は順次背後にあるものを知らせていく。そこからわかるように、メルロ＝ポンティは「いまの連続」を批判しながらも、時間を連続的なものとして捉えている。

この永遠的な獲得について時間そのものがその基本的なモデルを提供している。時間がそれに従ってもろもろの出来事が互いを追いやる次元だとすれば、時間はまた、それに従って、もろもろの出来事のそれぞれが侵すことができないひとつの場所を受け取る次元でもある。ある出来事が起こったと言うことは、すなわち、それが起こったということが永遠に真だろうと言うことである。（PP450）

これは、理念が一度表現されればそのことによって以後ずっと存続するということを述べた箇所である。「もろもろの出来事が互いを追いやる」、そして「もろもろの出来事のそれぞれが侵すことができないひとつの場所を受け取る」という記述を見れば、メルロ＝ポンティが時間の線的な連続性を念頭に置いているということがわかる。

記憶のあり方も、時間のこの連続的構造に基づいている。

私が、逆にその追憶の具体的な起源を再び見いだすとすれば、それは、その追憶がミュンヘン会議から戦争に至る恐怖と希望のある種の流れに再び位置付けられるからであり、私が失われたときに戻るからであり、またそれは、当の瞬間から私の現在に至るまでの、過去把持の連鎖と継起する地平のはめ込みが、連続した移行を保証するからなのである。（PP478）

「逆に」として対比されているのは、過去の出来事を推論によってたどるような仕方での過去の想起である。それに対してここで言われているのは、かつて生きられた時は、過去把持の連鎖のなかでその前後の過去との関係のうちに位置づけられていて、そのように過去の位置が現在とつながる距離で保たれているからこそ、過去をまさに過去として思い出すこともできるということである。

本書二八ページに引用した文章で、奥行きの知覚はこうした記憶のあり方との類比で論じられている。メルロ＝ポンティは離れた対象について、いまここからおこなう知覚のうちに、その対象のそばにいたらなされるだろう知覚が含まれていると言う。これは、いまここから対象についてなされる知覚のうちに、それと互いに排除し合う眺めが、暗黙のうちに含まれ、そのことによってその対象の奥行きが感じられるということを、現実のうちに存在する事物について、単に一方向からというばかりでなく、離れたところからの知覚に関しても言ったものである。これが可能なのは、時間が連続的なはめ込みの構造にあるからである。こうして奥行きの知覚は、時間の問題に関わっている。

身体による知覚で対象はどのように見えるのかを示すため、メルロ＝ポンティは『知覚の現象学』でしばしば絵画に言及する。彼がこの著作の時期に彼の思想にとっての芸術の位置をどのように考えていたかについては、その序文に参考になる部分がある。「それ〔現象学：引用者注〕は、バルザック、プルースト、ヴァレリー、セザンヌの作品のように骨が折れるものである――同じ種類の注意と驚きによって、意識の同じ要求によって、生まれいずる状態における世界や歴史の意味をつかもうとする同じ意志によって」(PPxvi)。ここで挙がっている芸術家は文学と絵画の領域にわたる。それらの芸術家がおこなっていることは、「世界や歴史の意味をつか」むという目的で現象学と同じであるとメルロ＝ポンティは言う。また同年に発表された「セザンヌの懐疑」で、メルロ＝ポンティは次のように言っている。「画家は彼なしではおのおのの意識の分離された生のうちに閉じ込められたままであるものを捉えなおし、まさに見える対象へと変える。つまり諸物の揺りかごであるもろもろの現れの震えを」(SNS23)。ここで画家というのは、具体的にはセザンヌである。セザンヌがおこなっているのは、彼に対して物が現れるそのさまを描き出し、ほかの人にとっても見えるようにするということである。『知覚の現象学』の序文で「生まれいずる状態における世界」の「意味」と言っているものが、この「諸物の揺りかごであるもろもろの現れの震え」である。メルロ゠ポンティは、この点でセザンヌの作品は自らの現象学と同じことをしていると言う。

このような考え方に基づいてメルロ゠ポンティは、知覚についてセザンヌを例証として持ち出している。

ゲシュタルト理論はまさに次のことを示すのに貢献した。遠ざかっていく対象の見かけの大きさは網膜像のように変化せず、その直径のひとつを中心にして回転する円盤の見かけの形は、人が幾何学的遠近法に従って期待するようには変化しない。(略)われわれの顔に対して斜め向きに置かれた円盤は幾何学的遠近法に抵抗する。セザンヌやほかの画家たちが、内側が見えるままのスープ皿を側面から描いて示したように。(PP300-301)

ゲシュタルト心理学は、形の恒常性に関する実験をおこなった。垂直に設置された円盤を、その垂直軸を中心に回転させ、被験者に対して斜めになるようにすると、被験者はその形を、網膜上の投影像よりも円に近い形として知覚する。セザンヌの絵画のテーブルの上に置かれた皿は、横から見られているはずなのになかがよく見えるように描かれている。そのようにしてセザンヌは、まさに見られるがままの皿のありようを描いたのだとメルロ゠ポンティは言う。「セザンヌの懐疑」でも、セザンヌの絵画が知覚のありようを示すものとして取り上げられている。

遠近法におけるセザンヌの諸探求は、諸現象へのそれらの忠実さによって、のちに、近年の心理学が定式化することになることを発見している。生きられた遠近法、われわれの知覚における遠近法は、幾何学的あるいは写真的遠近法ではない。というのも、知覚では、写真の場合に比べて、近くにある対象はより小さく、遠くにある対象はより大きく見える。ちょうど映画で列車が、同じ条件下の現実の列車よりもずっと速く近づき、大きくなるように。斜めに見られた円が楕円のように見られると言うことは、実際の知覚に、われわれがカメラであったなら見るであろうものの図式を置き換えることである。そうではなく、実際にはわれわれは、楕円で「ある」ことなしに楕円の周囲で揺れ動くある形を見るのである。（SNS19）

「近年の心理学」とはゲシュタルト心理学のことである。前ページの引用で「遠ざかっていく対象」について言われていたこと、またいまの引用で近づく汽車について言われていたことは、『知覚の現象学』の、本書二八ページに引用した記憶についての文章の後半部分に対応する。そして、形の恒常性についてセザンヌを例に挙げて言っていることは、その直前の引用で立方体の知覚について言っていたことに対応する。確かにここで直接に問題になっているのは、必ずしも奥行きそのものの問題ではなく、形の問題である。しかしそれらは同じ問題を扱っている。セザンヌが描いた皿に言及した文章は、立方体の奥行きについての議論が始まるその直前に位置しており、ここでの円盤に関しての幾何学的遠近法批判の議論を受けて、メルロ＝ポンティは奥行きの知覚を論じている。また、メルロ＝ポンティはゲシュタルト心理学を必ずしも無条件に認めているわけではないが、ゲシュタルト心理学に関する論点は奥行きについての議論にもつながるものである。ゲシュタルト心理学では、回転する円盤の実験に関して「体制化の内的力が事態を複雑なものにしないかぎり、知覚される形は網膜上の形と「実在の」形との間のものとなるであろう[5]」と言われている。メルロ＝ポンティは、「ゲシュタルト理論は、あたかも斜めの皿の変形が正面から見られた皿の形態と、幾何学的遠近法との妥協であるかのように、そして遠ざかる対象の見かけの大きさは、その触れうる距離での見かけの大きさと、もっとずっと弱いものだが、幾何学的遠近法がそれに割り当てる大きさとの妥協であるかのように言っている」（PP301）と述べる。この批判は、経験論による奥行き論への批判と同様のものである。メルロ＝ポンティによれば、奥行きは、いまここからの眺めそのものが前後する眺めをあらかじめ、またすでに含むことで成立するのであって、ばらばらの複数の眺めを結び付けることによるのではない。斜めから見た円は、投影としての視覚によって見られる円と楕円を前提に成立するのではなく、またそのどちらでもないような「ある形態」として見られるのである。[6] 円の例でも、いまここから斜めに見ている皿の知覚そのものが正面から見た眺めを含んではじめて成立しているのであって、そこで見られた皿の形は、円と楕円の中間ではない。したがってこの円の例も、奥行きの知覚と同様の知覚の構造を論じたものだと言える。その意味でセザンヌが描く皿は、知覚の同時性を示すものである。このようにメルロ＝ポンティは、『知覚の現象学』で、両立しない眺めの、時間の性質に基づいた共存によって可能になるものとして、空間的な奥行きを論じているのである。[7]

2　過去としての奥行き

『行動の構造』『知覚の現象学』には、前節で論じた空間的な奥行きとは別の意味の奥行きの概念がある。まず『行動の構造』を見てみよう。この著作でメルロ＝ポンティが問題にしているのは心身の関係である。彼は、器質的な欠陥が行動に因果的に影響を与えるとする実在論的思考と、そうした欠陥も意識にとっては対象でしかないとする批判主義的思考の双方に異を唱える。

精神にとってと同様に生命にとっても、完全に過ぎた過去というものはなく、「精神が自らの背後に所有しているように見えるもろもろの瞬間、それを、精神は、その現在の奥行きにおいても含み持っているのである」。高等な行動はその存在の現在の奥行きのうちに、物理的システムとその局所的諸条件との弁証法から、

有機体とその「環境」との弁証法に至るまでの、従属的諸弁証法を保持している。(SC224)

「精神が自らの背後に」の部分はヘーゲルの『歴史哲学講義』からの文章である。ヘーゲルはそこで次のように言っている。「精神の現在の形態はより早い段階の全てを自らのうちに含んでいるということがすでにこれに関して言われた。(略)精神が自分の背後にもっているように見える諸瞬間、それを精神は、現在の奥行きのうちにもっているのである」[8]。ヘーゲルは歴史の展開を精神の発展として捉える。過去の歴史は精神が経てきた歴史であり、現在とは精神が到達した地点である。精神は、自らが経てきた過去を全て自らのうちに含んでいる。そのことをヘーゲルは「現在の奥行き」という言葉で示している。ヘーゲルにとって精神は、人間の集団的な歴史のなかで展開していくものである。だが、ヘーゲルを引用しながらメルロ゠ポンティが奥行きに関して論じているのは、個人の精神の内部で、新たな弁証法に、先行する弁証法が含まれているということである。メルロ゠ポンティは弁証法について、「物理的システムと、それに作用するもろもろの力との連関や、生物とその環境との連関は、並置された諸実在の外的で盲目的な関係ではなく、それぞれの部分的なはたらきの効果が、全体に対するその意味によって規定される弁証法的連関なのだ」(SC218)と述べている。物理的システムに対して外部からもろもろの作用が加えられる場合、はたらきかけられた物理的システムの全体のなかではじめて個々の作用がもたらした効果が測られるのであり、同じ作用でも、違う全体のなかでは別の効果をもつとされる。それは生物に対する環境のはたらきかけについても同様である。弁証法についてメルロ゠ポンティは次のようにも言っている。

それぞれの形態化は、われわれには、反対に、諸理念の世界におけるある出来事、ある新たな弁証法の設立(institution)、現象の新たな領域の開け、先行する層を孤立した契機としては排除しながら、それを保ち統合する、ある新たな構成的層の確立であると思われていた。批判主義的思考は、われわれが即自的身体に関わるのでは決してなく、意識にとっての身体に関わるのだということ、そのようにしてわれわれは意識を不透明で異質な現実に関わらせる必要は決してないということを示すことによって魂と身体の諸関係という問題を少しずつ押しのけるのだが、意識がある有機体へのその内属を体験するのは、われわれにとって絶えず起こることなのである。というのも（略）意識への、その固有の歴史と、それが乗り越えた弁証法的諸段階の現前が重要なのだから。（SC224）

ここで「形態（ゲシュタルト）」と言われているのは、諸部分の作用によって生じる全体のありようである。ここではそれは意識である。それは「先行する」「弁証法的諸段階」、すなわち生命をもつ有機体を乗り越える。有機体は、周囲の環境との間に弁証法的関係をもっている。意識はこうした、それ自体が弁証法的である前段階を乗り越え、それとの間に新たな弁証法的関係を結ぶ。この新たな全体としての意識と部分としての有機体との関係が「新たな弁証法」である。高等な行動は「物理的システムとその局所的諸条件との弁証法から、有機体とその「環境」との弁証法」（SC224）という、それに先行する二つの秩序によって可能になるが、二つの秩序の持ち分が最初から決定していて、それが行動に因果的にはたらきかけるというのではなく、高等な行動がはじめて、それら先行するものに全体のなかでの意味を与えながら、自らのうちに保持し続ける。この高等な行動は、それら先行するものを自らの奥行きのうちに保っているのである。[9]

『知覚の現象学』のある注で、このヘーゲル的な意味での奥行き概念が再び登場する。メルロ゠ポンティは、「E・カッシーラーは（略）象徴的含蓄という概念によって素材と形式の絶対的な同時性を表そうとするとき、あるいは精神はその過去を自らの現在の奥行きのうちに携え、保っているというヘーゲルの言葉を引き受けなおすとき、明らかに同じような目的を定めているのである」（PP148）と述べている。この注がついているのは、[10]メルロ゠ポンティが、戦争で脳に損傷を受けて視覚に障害をもつことになったある患者について論じている部分である。この患者は鼻をかむとかランプを点けるといった具体的な動作をこなすことはできるが、医師の指示に従って自分の体の一部分を指で示すといった抽象的な動作をすることには非常な困難を覚える（PP121-122）。抽象的な動作をするためには、その運動を意図し、それを周囲の空間に投げかける必要がある。メルロ＝ポンティは、自分の体を指さすという抽象的な動作は、「自己の身体に向かい、これを対象として構成する、動機がない志向」（PP140）を伴うものであり、そのためには「客観化の能力」（PP140）が必要であるとする。彼は患者の視覚とその認識や行動の関係について次のように言う。

その知的な昇華においてまでも、内容は根本的な偶然性として、認識と行動の最初の確立あるいは創設（fondation）として、認識や行動がその具体的な豊かさを決してくみ尽くしてしまわず、その自発的な方法をどこにいっても繰り返すであろうような、存在や価値の最初の把握として、あり続ける。われわれが回復しなければならないのは、この形式と内容の弁証法なのである（略）。（PP148）

弁証法の項としての「形式」は患者の認識や行動のことであり、「内容」と言われているのはそうした認識や行動がそれに基づくところの視覚のことである。この両者の関係は「弁証法」である。形式の現在のありようは、視覚という内容のありように依拠している。しかしそれは内容が形式の原因であるという一方的な関係ではなく、形式は内容に依拠しながら、それを利用し、それにこの形式基盤としての新たな意味を与えるのである。

メルロ＝ポンティは、この引用文にある fondation の語に注をつけ、「われわれはフッサールのお気に入りの語、Stiftung を訳している」（PP148）としている。フッサールは後期の著作でしばしばこの語（Stiftung）を用いている。メルロ＝ポンティが『知覚の現象学』の参考文献に挙げている「幾何学の起源」では、フッサールは以下のように言っている。

それ〔幾何学の存在：引用者注〕は、われわれが確信しているように、その原創設（Urstiftung）以来、ある独特で時間を超えた、全ての人間、まずは全ての民族、全ての時代の、現実の、そして可能な数学者たちにとって使用可能な存在であり、しかもそれも、そのあらゆる特殊形態においてである(11)。

最初の幾何学の学問的成果のことを、フッサールは「原創設（Urstiftung）」と呼ぶ。それは、それ以後の全ての幾何学研究の領野を開き、基盤となる(12)。それが可能なのは、そうした成果がそれ以後の全ての数学者にとって存在し続け、研究の基盤として使用しうるものであり続けるからである。そのことをフッサールは沈殿と言う。

全て〔の科学：引用者注〕は確かに沈澱した伝統の可動性をもっており、この伝統をもって、ある伝承していく活動は、新しい意味形象を生み出しながら、繰り返し活動している。このようなあり方で、全ての科学は諸時代を通じて永続的に続いていく。全ての新しい獲得物は再び沈澱し、再び作業材料になるのだから(13)。

幾何学ばかりでなく諸学問の展開で、その起源になる研究以来の成果は、表現されることによって共有できるものになる。それは、続く学者によって捉えなおされ、それに基づいて新たな成果が生み出される。そしてこの新たな成果も再び沈澱し、続く研究の材料となる。メルロ＝ポンティが挙げる患者の例の視覚の障害は、基盤として後で捉えなおされるという点でStiftungなのである(14)。

さらに、メルロ＝ポンティのこの議論にはもうひとつ、フッサールの概念への参照がある。メルロ＝ポンティはこの患者の視覚と思考との関係について次のように言う。「視覚的諸内容は、それらを超える象徴能力によって思考の水準で捉えなおされ、使用され、昇華されるのだが、この能力が構成されるのは、視覚という基盤のうえでなのである。素材と形式との関係は、現象学が基礎づけ（Fundierung）と呼ぶ関係である」（PP147）。「基礎づけ（Fundierung）」もまた、フッサールからの概念である。フッサールは、『論理学研究』の第三研究で、その定義づけをしている。「あるαそのものが、本質法則的に、ただそれをあるμと結び付けるある包括的な統一体のうちにおいてのみ存在しうるのなら、われわれは、あるαそのものはあるμによる基礎づけを必要とする、あるいは、あるαそのものは、あるμによる補足を必要とする、と言う」[15]。αは、αとμをともに含む全体のなかで存在している。そしてαはこの全体でだけ存在し、しかもそのなかでμと結び付くことでだけ存在している。この場合、μはαを基礎づけているということになる。この「基礎づけ」についてフッサールは、「相互的」と「一方的」[16]の二種類を区別している。彼は「相互的」な「基礎づけ」の具体例として、「いくらかの延長なしには色はありえず、いくらかの色なしには延長はありえないのだから、色と延長はある統一的な直観のなかで相互的に基礎づけ合う」[17]というものを挙げている。メルロ゠ポンティが挙げる視覚障害者の例では、視覚の内容は形式に完全に従属するのではない。形式はこの素材を利用しそれに依拠するが、しかしこの患者の視覚障害はただこの形式の困難のために利用されるばかりではない。視覚の障害は、この患者のそれ以後の認識、行動のあり方の基盤であり続けながら、そのつど異なった意味を与えられることになる。また認識、行動のほうではそれにそのつど新たな意味を与えながら、それを利用し続けていくことになるのである。形式と内容とは相互的な関係にある。ここでメルロ゠ポンティが考えているのは、相互的な基礎づけの関係である[18]。

ここでも『行動の構造』と同様に、ヘーゲルの奥行きに関する言葉が、弁証法のありようを述べるために用いられている。そして同時性と言うことによってメルロ゠ポンティは、この奥行きでの現在と過去の関係を指している。

さらにメルロ゠ポンティは『知覚の現象学』の空間的奥行きの知覚に関する箇所でも、ヘーゲルに言及している。

ヘーゲルのように言うと、知覚がその現在の奥行きのうちにある過去を保持し、それをその奥行きのうちで収縮させていなかったら、現在、つまりその厚みとくみ尽くせない豊かさをもった感覚的なものはないだろう。（PP277）

ここでメルロ＝ポンティは、ヘーゲルの言葉を個人の身体的知覚の時間過程にあてはめている。例えばテーブルを知覚する際、知覚のある瞬間は過去のものとなり、続く知覚の瞬間によって捉えなおされる。そしてこの過程の前方には見られるべきテーブルの様相が予期されている。この「予見」と「回顧」(PP276)の二重性においてテーブルは知覚される。そしてこの過程で、現在見えているテーブルの知覚は、それまでの知覚過程を捉えなおし、含んでいるのである。

したがって奥行きの語は、二重の意味で用いられていることになる。一つは空間的な知覚に関して言われることであり、もう一つは知覚の時間のうちの一瞬が、ほかと切断され並列した一瞬ではなく、過去を含む、その含んでいるあり方について言われるものであって、むしろ「深み」と訳されるニュアンスをもつものである。だがこの二つの奥行きは、単に二つの用法があるということではなく、知覚の時間性において互いに切り離せないものである。つまり、知覚の現在が自らの奥行きのうちに過去の知覚過程を含んでいることで、空間的な距離としての奥行きが知覚されるのである。そして、現在とそのうちに含まれる過去の同時性という点で、二つの奥行きは結び付いている。[19]

注

(1) ここでは「奥行きと大きさ」が「距離と大きさ」と言い換えられている。距離と奥行きの同一視については、ほかにも次のような箇所がある。「反省的分析では、奥行きが見えないのはある原則的な理由によるのである。奥行きがわれわれの眼に刻み込まれるとしても、感覚的印象はたどられるべき多様性そのものしか示さないであろうし、こうしてほかのあらゆる空間的関係のように、距離は、多様を総合し思考するある主体にしか存在しない」(PP295)。「自動車が小さくなりながら地平線へ向かってゆっくりと上っていくとき、この見かけを説明するために、私は、飛行機の上から観察していれば知覚するであろうような、そして結局は奥行きの意味全体をなす、横幅に沿った移動を作り出す。だが私は距離についてのさらに別の指標をもっている」（PP297）

（2）「いまの連続（Nacheinander der Jetztpunkte）」という表現はマルティン・ハイデッガーのもの。メルロ＝ポンティはハイデッガーの『存在と時間』の以下の箇所を参照している。Martin Heidegger, "Sein und Zeit," in Edmund Husserl (hrsg.), *Jahrbuch für Philosophie und phänomenologische Forschung*, VIII, Max Niemeyer, 1927, S. 422.

（3）Edmund Husserl, "Edmund Husserls Vorlesungen zur Phänomenologie des inneren Zeitbewußtseins," in Martin Heidegger (hrsg.), *Jahrbuch für Philosophie und phänomenologische Forschung*, Bd. IX, Tübingen, Max Niemeyer, 1928, S. 390.

（4）Husserl, "Edmund Husserls Vorlesungen zur Phänomenologie des inneren Zeitbewußtseins," S. 385, Edmund Husserl, *Husserliana, Bd. III: Ideen zu einer reinen Phänomenologie und phänomenologischen Philosophie, Erstes Buch, Allgemeine Einführung in die reine Phänomenologie*, in Walter Bienel (hrsg.), Martinus Nijhoff, 1950, S. 145, 149.

（5）クルト・コフカ『ゲシュタルト心理学の原理』新装版、鈴木正彌監訳、福村出版、一九九八年、二六八ページ

（6）平面への投影としての視覚という点で、ゲシュタルト心理学の議論はバークリと同様である。バークリはその『視覚新論』で、「私の思うに、距離は、それ自身によって、直接には見られえないということは皆に同意される。というのも距離は目に対してまっすぐな線であるから、それは目の底にただひとつの点しか投影しないのであり、この点は距離が長かろうが短かろうが、常に同じなのである」（ジョージ・バークリ『視覚新論 付・視覚論弁明』下條信輔／植村恒一郎／一ノ瀬正樹訳、勁草書房、一九九〇年、二一ページ）と言う。メルロ＝ポンティはこれに言及している。「バークリは次のように説明している。われわれの網膜は光景から明らかに平面的な投影だけを受け取るのだから、それ〔奥行き：引用者注〕は記録されることができないため視覚に与えられ得ないだろう」（PP294）。投影としての視覚に関してメルロ＝ポンティは、晩年の「眼と精神」でデカルトを批判する。これについては第4章「肉の概念と知覚における想像的なもの」を参照。

（7）メルロ＝ポンティは、さらに、一九五〇年代初頭に書いた草稿『世界の散文』、そしてそのうちの「間接的言語」

の部分を書きなおして発表した「間接的言語と沈黙の声」でも、同時性の観点から絵画を論じている。後者では次のように言っている。「もしも私がそこから遠近法へと立ち戻ろうと望むならば、私は、全体を自由に知覚することをやめ、私の視覚を限定し、私がもっている一つの測定器に基づいて、月や硬貨の、「見かけの大きさ」と私が呼ぶものを標定し、最後にこれらの大きさを紙に写さなければならない。だがこの間、知覚世界は、諸対象の真の同時性、大きさの唯一の尺度への、それらの対象の平和な所属ではない真の同時性とともに消え去ってしまったのである。私が硬貨と月を一緒に見ていたとき、私のまなざしは二つのうちの一つに固定されなければならず、もう一つのほうはそのとき私に、周縁に現れていた――「近く―から―見られた―小さな―もの」あるいは「遠く―から―見られた―大きな―もの」として――、第一のものと通約できないものとして。私が紙に写すものは、知覚された諸物のこの共存、私のまなざしの前でのそれらの競合ではない。それら事物の葛藤が奥行きを作り出すのだが、この葛藤を調停する手段を私は見いだす。私は、それらをある同一面上で共存可能にすることを決め、そのどれもが生きた知覚野の諸契機に重ね合わせられないような一連の局所的で単眼的な一連の視覚を紙の上に凝固させることによってこれを成し遂げるのである」（S61-62）。ここでの「共存」は、視野において並存しているということではない。ある物が見えているときにはほかの物はよく見えていないが、しかしこのある物を見ることにおいて、見る者は、ほかの物が、見られるべきものとして存在していることを感じている。そのかぎりでそれらは「私が現実に見ていた物とは共存不可能だが、まさにそのゆえにそれと同時的な、見られるべき諸物の地平」（PM74）をなしている。諸物は、ともに並んで見えているのではないという意味で共存不可能なものでありながら、しかし、奥行きにおいてある物がほかのものを地平とするという仕方では、それらは同時的なものとして共存している。幾何学的遠近法では、こうした知覚世界のあり方を描き出すことはできない。メルロ＝ポンティは、「諸対象の同時性を断念することによってだけ、平面投影を可能にする公分母あるいは公約数を得ることができる」（PM73）と言う。「諸対象の同時性」とは、一挙に見ることができない諸対象の同時性である。だが平面投影は、それらが平面上でそれぞれその与えられた位置を占め、視線に対して並列的に共存するようにする。それが「公分母あるいは公約数」ということによって言われていることである。

なお、メルロ＝ポンティの『知覚の現象学』の奥行きの概念を中心とした空間知覚に関する理論は、彼自身の思想ばかりでなく、二十世紀後半の美術家と美術理論家にとっても重要な意味をもっている。一九六〇年代以降のミニマル・アートとメルロ＝ポンティの思想との関連については、ロザリンド・E・クラウス『オリジナリティと反復――ロザリンド・クラウス美術評論集』（小西信之訳、リブロポート、一九九四年）二〇五―二一四ページ、河合大介「メルロ＝ポンティとミニマル・アートの理論」（メルロ＝ポンティ・サークル編「メルロ＝ポンティ研究」第十四号、メルロ＝ポンティ・サークル、二〇一〇年）を参照。ジョルジュ・ディディ＝ユベルマンは、エルヴィン・シュトラウスとメルロ＝ポンティの奥行き論を検討しながら自らの議論を展開している。Cf. Georges Didi-Huberman, *Ce que nous voyons, ce qui nous regarde*, Minuit, 1992, pp. 103-123. ここでのディディ＝ユベルマンによるメルロ＝ポンティの奥行き論の読解については、次の文献を参照のこと。Maud Hagelstein, "Art contemporain et phénoménologie: Réflexion sur le concept de lieu chez Georges Didi-Huberman," *Études phénoménologiques*, 21(41/42), 2005.

（8）Georg Wilhelm Friedrich Hegel, "Vorlesungen über die Philosophie der Geschichte," in Hermann Glockner (hrsg.), *Sämtliche Werke*, Bd. XI, Fr. Frommanns, 1927, S. 120.

（9）『行動の構造』には、instituer の別の用法もある。メルロ＝ポンティはデカルトの「屈折光学」のなかの文章を引用している。「それ〔絵：引用者注〕がそれによって構成されている諸運動こそが、魂がわれわれの身体に統合されている限りにおいて、われわれの魂に対して直接にはたらきかけて、魂にしかじかの感覚をもたせるように自然によって定められている（institués de la Nature）のだと信じなければならない」（René Descartes, "La dioptrique," in Charles Adam et Paul Tannery (publiées par), *Œuvres de Descartes*, t. VI, J. Vrin, 1996, p. 130. メルロ＝ポンティによる引用部分はSC206にあるが、そこでは institués de la nature となっている）。これは、デカルトが視覚の仕組みについて述べた部分である。対象から発した光は目で像を結び、それが脳の中心部にまで送り込まれるが、実際の視覚はむしろ、神経線維によって伝えられる運動と、さらに、距離や形といった対象の状態についての魂の判断による。デカルトは、「われわれはわれわれの脳のある部分をも、われわれの魂にこの距離を知覚させるために自然によって定められた（instituée de la Nature）仕方で変化させるのである。そしてこのことは通常われわれがそれについて反省することなしにわれわれに起こる（略）」（Descartes, "La dioptrique," p. 137）とも言う。魂が脳にまで届いた「絵」や眼球の状態などによって対象を知る、その仕方が「自然によって定められ」ているというのである。メルロ

=ポンティは「屈折光学」の視覚論を、「因果的説明」(SC205) にすぎないとして退けるが、この「自然によって定められ」ているという部分については評価する。メルロ=ポンティは、知覚は思考に還元されておらず、身体を介してこそ、しかも「明白な推論」(SC213) によることなしに、知覚がおこなわれているということが、「屈折光学」の「自然の定め (institution de la nature)」(SC213) に関する思考に見いだされる思想であると言う。本書三七―三八ページに引用した文章での弁証法は、意識をひとつの項とするのであり、またこの意識はそれに先行するものを自らの一部とするとともに、それによって支えられてもいるのだから、弁証法自体は意識によって作り出されるものではない。木田元はこの弁証法の設立 (institution) の議論にデカルトに由来する思想とは異なる性格を見いだす (木田元『現象学の思想』〔ちくま学芸文庫〕、筑摩書房、二〇〇〇年、一三二ページ) が、意識に還元されないものを見いだすという議論の方向に関しては、『行動の構造』の institution の二つの用法は一致していると言える。

(10) エルンスト・カッシーラーがヘーゲルのこの言葉を引いているのは次の箇所である。Ernst Cassirer, *Philosophie der Symbolischen Formen, Bd. III, Phänomenologie der Erkenntnis*, Bruno Cassirer, 1929, S. 92. そこでカッシーラーが言うのは、理論的・客観的意識は、それに先行する神話的知覚を廃絶するのではなく、後者は前者を構成する要素としてとどまり続けるということである。

(11) Edmund Husserl, "Vom Ursprung der Geometrie," in Walter Biemel (hrsg.), *Husserliana, Bd. VI: Die Krisis der europäischen Wissenschaften und die transzendentale Phänomenologie*, Martinus Nijhoff, 1954, S. 367-368.

(12) Stiftung については、「根源的創設 (Urstiftung)」(Edmund Husserl, *Husserliana, Bd. XVII: Formale und transzendentale Logik, Versuch einer Kritik der logischen Vernunft*, Paul Janssen (hrsg.), Martinus Nijhoff, 1974, S. 172.) とも言われている。

(13) Husserl, "Vom Ursprung der Geometrie," S. 378.

(14) ここにはデカルトへの参照もある。『知覚の現象学』の「「注意」と「判断」」と題された章で、メルロ=ポンティはデカルトの次の文章を引用する。「私をだませる者はだましてみよ。しかし、私が自分を何者かであると考えている間は、彼は、私が何ものでもないようにすることはできないだろう。あるいは、いま私が存在することが真であるからには、いつか、私が決して存在しなかったということが真であるようにすることはできないだろう」(PP54)

（ここでメルロ＝ポンティが参照しているのは『省察』のフランス語訳である。Cf. René Descartes, "Méditations touchant la première philosophie dans lesquelles l'existence de dieu et la distinction réelle entre l'âme et le corps de l'homme sont démonstrées," in Charles Adam et Paul Tannery (publiées par), *Œuvres de Descartes*, t. IX, J. Vrin, 1996, p. 28.)。デカルトはまず「第二省察」で、全てを疑うときにもそのように考えている私の存在は疑えないとする。そして「第三省察」で再びこれを取り上げ、神の存在証明に踏み込む。メルロ＝ポンティが参照しているのは「第二省察」である。ここで重要なのは、一度起こったことは、それ以後、起こったということに関して真であり続けるということである。デカルトは知覚を疑いうるものと見なしたために、時間についてのこの直観を知覚の領域で活用することはなかった。しかしメルロ＝ポンティは、ここに反省と非反省的なものの時間的関係を読み取る。非反省的なもの、すなわち知覚が一度生じると、その生じたということは以後消滅することはなく、後からおこなう反省に供されるということである。そして彼は次のように言う。「現在の経験は、決定的に創設された（fondé）、そして何者もそれがあったということを妨げえない、ある存在の経験である。現在の確実性には、その現前を超え、それを、もろもろの想起の連続において疑うことができない「古い現在」としてあらかじめ定める、ある志向があるのであり、現在の認識としての知覚は〈私〉の統一性や、それとともに客観性や真理という観念を可能にする中心的現象である」（PP54-55）。現在眼前にあるものに対しておこなわれる知覚は、現在にだけ関わるわけではない。この知覚経験は、それ以後は「古い現在」として残り続ける。このように残っていること、そしてそれが想起されることで、「私の統一性」や「客観性」や「真理」が可能になる。「真理」についてメルロ＝ポンティは、同じ章で、「だが実際のところ、記憶によって現在の明証性を流れ去った瞬間のそれに結び付け、また、言葉の突き合わせにより私の明証性を他人のそれに結び付けられなかったら、自分が真なる観念を所有しているということを知らないだろう」（PP49）と言う。これが『知覚の現象学』の「コギト」の章での真理論に展開する。

（15）Edmund Husserl, *Husserliana, Bd. XIX/1: Logische Untersuchungen. Zweiter Band. Untersuchungen zur Phänomenologie und Theorie der Erkenntnis, Erster Teil*, Ursula Panzer（hrsg.）, Martinus Nijhoff, 1984, S. 267.

（16）*Ebd.*, S. 270.

（17）*Ebd.*, S. 270.

(18)『知覚の現象学』でこの基礎づけの概念が重要な役割を果たすのは、「コギト」と題された章でである。「理性と事実、永遠性と時間の関係は、反省と非反省的なもの、思考と言語、あるいは思考と知覚の関係と同様に、現象学が基礎づけ（Fundierung）と呼んだ二重の方向の関係である。つまり、創設する項（le terme fondant）――時間、非反省的なもの、事実、言語、知覚――は創設されるもの（le fondé）が創設するもの（fondant）のある規定またはある解明として与えられるという意味で基本的なものである。（略）創設されるもの（le fondé）は単にそれ〔創設するもの：引用者注〕から派生したものではない。というのも、創設するもの（le fondant）が明らかになるのは、創設されるもの（le fondé）を通してだからである」（PP451）。ここでの基礎づけの関係の、一方の項は時間、非反省的なもの、事実、言語、知覚であり、他方の項は永遠性、反省、理性、思考である。前者の項が「創設するもの（le fondant）」、後者の項が「創設されるもの（le fondé）」である。本書三九ページで見たとおり、fondation は Stiftung の訳語である。「創設するもの（le fondant）」がおこなうのは「創設（fondation、Stiftung）」である。これによって生じる「創設するもの（le fondant）」と「創設されるもの（le fondé）」の「二重の方向の関係」のことを、メルロ＝ポンティは「基礎づけ（Fundierung）」と呼んでいる。

(19) ただし、空間的な距離としての奥行きでは、現在の知覚には未来の知覚も含まれているという違いはある。

第2章　制度論での奥行きと同時性

ヘーゲルに由来する意味での奥行き概念は、一九五〇年代の前半にメルロ＝ポンティが展開した、制度(institution)についての議論で大きな役割を果たすことになる。メルロ＝ポンティは、五一年から五二年にかけて執筆した草稿『世界の散文』で次のように言う。「ヘーゲルはわれわれに、総合は過去を「その現在の奥行き(profondeur)のうちに」保持すると言う。だが総合はどのようにしてある奥行きをもつのか、そしてこの奥行きとは何か。それはこの総合がもはやそれではないものの奥行きである(略)」(PM153)。『行動の構造』『知覚の現象学』に見られた二つの奥行き概念のうちの一方の、過去としての奥行きがここでもやはり登場している。本章では制度の概念に関する議論で、メルロ＝ポンティがヘーゲルに由来する意味での奥行きや同時性についてどのように論じているのかを検討する。

メルロ＝ポンティは、「個人的および公共的歴史における制度」と題した講義(以下、「制度」講義と略記)を一九五四年から五五年にかけておこない、そこで制度を定義している。

したがってここで制度の意味するところは、ある経験の諸結果、その経験に持続しうる諸次元を備えさせ、この諸次元との関係においてほかの一連の諸経験の全体が意味をもち、ある思考可能な続きあるいはある歴史を形成することになる、そうした諸結果である――あるいはまた私のうちに、遺物あるいは残りかすとしてではなく、ある続きへの呼びかけ、ある未来への要求としてのある意味を沈殿させる諸結果であった。

(IP124)

ある経験がもたらすものによって、その経験は次元となる。それに続いて起こるもろもろの経験は、この次元としての最初の経験との関係で意味をもつ。そして過去の経験は、ただ単に過去に経験されたものにとどまるのではなく、未来に起こるほかの経験を呼びかけるものになる。そうした最初の経験が生み出したもの、それが制度である。

なぜ制度について論じなければならないのか。それは他者の問題に関わっている。

主体が設立する(instituant)ものであり、構成する(constituant)ものではないとすると、逆に、主体が瞬間的なものではなく、他人も単に私自身の否定ではないということが理解されるだろう。(略)私の他人との関係も、二者択一には還元されないだろう。つまり、ある設立する主体はある他者と共存しうる。なぜなら、設立されたものは彼自身の行動の直接的な反映ではなく、続いて彼自身によってあるいは他者たちによって捉えなおされるが、全体的な再創造は問題にならないのであり、したがって、他者たちと私の間、私と私自身の間で、ある蝶番のように、一つの同じ世界へのわれわれの共通の帰属の帰結と保証であるのだから。

(IP123-124)

構成の場合には、いまその瞬間の意識による意味付与によって与えられた意味だけが問題なのであって、この意識にとってはほかの意識は意味付与の主体としては存在しないということになる。それに対して設立の場合には、意味の付与は、過去の自分や他者が意味を与えていたものに全体的な再創造をする、すなわち新たな意味を取って代えるのではなく、あくまでも過去のものをもとにして、それが要求していた意味をそこに与える。したがって、設立する主体は他者と共存しうる。

この講義では、人間の感情から歴史のあり方に至るまでの様々な領域で、こうした制度のあり方が見られることを論じている。そのうち、「知の制度」と題した部分のノートには、次のような箇所がある。

ある生（感情）、ある作品の制度：閉じられておらず、知性によって所有されず、意義、本質あるいは目的ではないところの、ある意味、（ある歴史の）確立［が重要であった］；――しかしながら無価値ではなく、（偶然の総和）（略）、主体と対象の間ではなく見る人と描く人の間で生じる、画家の仕事の豊かさ。［したがって］「偶然的な」所与をめぐってのある生やある作品の萌芽［がある］。出来事と本質の結び付き。

だが：こうしたことは、知に到達すればもう通用しないのではないか？　知、真理、今度は十全な意味で、――愛する人あるいは画家の主観的な「真理」ではない――［だが］人から分離する真理、そして先行するものを統合し、無にする真理（それは絵画がおこなわないことである）。ここでは二つの領域、出来事の領域、――そして本質あるいは純粋な意味、適合［の真理］、論理的なものの領域を認めてはならないのではないか？（IP89）

ここでメルロ＝ポンティが比較しようとしているのは、人間の感情、絵画、そして知の三つの領域での制度のあり方である。まず感情と絵画について、「知性によって所有され」ない「歴史」を考えている。それらは意識によって構成されるものではなく、ほかのときでの自分や他者によって捉えなおされ、新たな意味を注ぎ込まれるべきものである。そのようにしてそれらの歴史が形成される。メルロ＝ポンティがここで問うているのは、知の領域ではこうした歴史のありようは見られないのかということである。そこでは何らかの真理が発見されれば、それに先行するものは単に無化されるのではないか。感情や絵画では捉えなおされることによって保存される偶然性も、知の領域では意味をもたないのではないか。メルロ＝ポンティはこうした考えを批判しようとする。以下では、これらの領域のそれぞれにおける歴史のありようを見ていこう。

1　感情の制度

まず、感情の領域での制度について見てみよう。この講義でメルロ＝ポンティは、プルーストの『失われた時を求めて』の、語り手と登場人物のアルベルチーヌとの関係を分析している。まず『失われた時を求めて』のうち、メルロ＝ポンティが参照している部分を見てみよう。

だが、実際は、私は確かに認めなければならない、この現在の愛、――アルベルチーヌへの愛――のうちには、彼女を愛そうという最初の頃の気持ち（略）があるように、同様に、いま、アルベルチーヌへの私の愛ではなく、私の生涯全体を考えるなら、私の以前の愛は、このもっとも広大な愛、アルベルチーヌへの愛を準備するささやかで精彩がない試み、この愛を求める呼びかけにすぎなかったということを。(1)

これは、語り手が作曲家ヴァントゥイユの七重奏曲を聞く場面の記述である。かつて語り手は同じヴァントゥイユのソナタを聞いて非常に感動したことがあったが、その同じ作曲家ののちの作品である七重奏曲を聞き、かつてを上回る大きな感動を得る。そこで彼は、かつて聞いたソナタはこの七重奏曲を呼び求めるものにすぎなかったと考える。そしてそれと類比的に語り手は、自らの恋愛について考えている。彼は、かつて保養地のバルベックで出会った少女アルベルチーヌと、現在では同じ家に暮らしている。そこに至る過程では様々な出来事や、疑惑や嫉妬を含んだ感情の揺れがあったのだが、語り手は、現在の彼女に対する感情のうちには、そうしたこれまでに彼女に対してもった感情が含まれていると考える。またそればかりではなく、かつてアルベルチーヌに出会う以前にジルベルトに対して抱いていた感情などは、現在のアルベルチーヌへの感情を準備するもの、呼びかけるものだったと言う。かつての愛は現在の愛と無関係ではなく、現在の愛はかつての愛との関係では、それによって準備されたものとしての性格をもつ。

メルロ＝ポンティはこの講義の要旨のなかで、こうした愛の感情についての議論をまとめている。

　プルーストにおける愛の分析は過去と未来、主体と「対象」、肯定的なものと否定的なものの、一方の他方に対する「同時性」、結晶作用を示している。（IP124）

メルロ＝ポンティは、語り手が抱く愛の感情の過去と現在との関係を同時性という言葉でまとめている。この同時性の用法は、『知覚の現象学』で視覚障害者について内容と形式の弁証法を語っていた部分のそれを展開したものである。ここではそれが、個人の過去と現在の愛の感情の関係について語られているのである。

メルロ＝ポンティは絵画をこのプルーストの愛の例と比較して、「画家におけるある作品、絵画史の中のある様式の制度（institution）は、同じひそかな論理を示している」（IP124）と言う。また彼は、幾何学にその極限を見るような言語を用いる知の領域について「より敏速で、見たところより断固としたものであるにせよ、知の運動はそれでもやはりほかの諸制度に見られる過去と未来の間のこの内的循環を示している」（IP125）と言う。それはつまり、絵画や言語による「知」の領域にも同時性があるということである。次にこれらの領域の制度について見てみよう。

2　絵画の制度

前節の終わりの引用でメルロ゠ポンティが絵画について言っていることは、この講義に先立つ一九五一年から五二年にかけて彼が執筆した草稿『世界の散文』と、その一部に手を加えて五二年に発表した「間接的言語と沈黙の声」での議論を要約したものである。(2)『世界の散文』で、彼は、絵画と哲学について次のように言っている。

デカルトの哲学のメタモルフォーズは有名である。われわれはそれを、近代絵画がグレコやティントレットを照らすように、われわれの光で照らす。知られているように、われわれ以前に、スピノザ、マルブランシュ、ライプニッツが、それぞれの仕方で、様々な点を強調し、「図」と「地」の関係を変え、それぞれが自分のデカルトを主張していた。(略)フェルメールのようにデカルトも、これらの制度(institutions)、つまり(略)持続するにつれて絶えず増大し、自分が向き合っているもろもろの出来事を自分自身へと変え、ついには、気づかないうちに運動が逆転して、自分にとって同化できない諸状況や諸関係の、自分が吸収できる状況や関係に対する超過が自分を変化させ、もうひとつの、しかし自分なしには存在しなかったであろう形態を引き起こすに至る、というそうした制度のひとつである。(略)彼〔デカルト:引用者注〕が考えたことと、彼から出発して人が考えたこと、われわれが彼に負っているものとわれわれの解釈が彼に与えるものとの間に、どうやって境界線を引けるだろうか?(PM129-130)

ここでは、画家ヨハネス・フェルメールと哲学者デカルトがともに制度であると言っている。ここで制度とは、後から来るものによっておこなわれる解釈を、自らの部分をなすものとして吸収していくものであり、やがて解釈が次第に積み重なっていくにつれてその吸収の限界を超え、次第に変質していくものとして考えられている。バールーフ・デ・スピノザらによるデカルト解釈は文字どおりに解釈だが、それと同様のことが近代絵画とエル・グレコ、ティントレット、フェルメールとの間に起こると言っている。

そこでまず絵画の制度について具体的に見てみよう。「間接的言語と沈黙の声」でメルロ＝ポンティは、「われわれが試みているように、画家を再び世界と接触させるなら、（略）世代ごとに、過去のいくつかの作品に、それまで気づかれていなかった意味を与えるメタモルフォーズが、おそらくそれほど謎めいては見えなくなるだろう」（S72）と言っている。それは、過去の絵画に、それが描かれた当時には画家自身にとってもそれを見る人々にとっても存在していなかった意味が、後になって与えられるということである。(3) これに関して『世界の散文』からの文章も見てみよう。

彼〔画家：引用者注〕が見るとおりの世界や、彼の先行する作品、あるいは過去の作品のうちにすでに下書きされていた同じ畝溝《うね》（sillon）をより遠くへ推し進め、過去のタブローの片隅に現れていた調子を捉えなおし、広げ、すでに据えられていたある慣習を制度（institution）へと変えることだけが問題なのである。画家自身は、何が彼に属し、何が物に属するか、何が彼の先行する作品にあったか、彼がそこに付け加えるものは何か、彼がその先行者たちからつかみとったものが何であり、彼のものは何か、決して言うことはできない、それを言うことに意味がないのだから。それによって彼が超えながら継続し、破壊しながら保存し、変形しながら解釈し、新たな意味を、しかしこの意味を呼びかけ、予期していたものに注ぎ込むところの三重の捉えなおしは、（略）世界、過去、以前の諸作品が彼に要求していたものへの応答であり、達成であり友愛である。（PM95）

現在の画家の作品で広げられキャンバスを覆っている「調子」は、すでに、知覚された世界、自分の古い作品、そしてほかの画家の作品という三つの契機のうちに、たとえ「片隅」にせよ存在していたものである。(4) これら三つの契機についてメルロ゠ポンティは、「画家がタブローのなかに置き入れるもの、(略)それは自分の様式であり、彼はそれを、ほかの画家たちの絵画や世界と同様に、(略)自分自身の試みのなかから勝ち取らなければならないのだ」(S65)とも言う。つまり、彼が「畝溝《うね》」「調子」と言っているのは様式のことである。(5)

各々の画家において、様式は、彼がこの表明の作業のために作り上げる等値性の体系であり、「一貫した変形(6)」の共通した指数であって、それによって彼は自分の知覚のうちのいまだとりとめがない意味を凝縮し、はっきりと存在させるのである。(S68)

画家は知覚において現れる物や人を捉えなおし、それらを、知覚によってよりも、よりはっきりと、それらしいあり方で見えるように描く。その描き方が様式であり、ここでメルロ゠ポンティはそれを「等値性の体系」と言い換えている。これについてはさらに次の引用も見てみよう。

われわれにとって「一点のフェルメール」をなすところのもの(略)、それは、タブローが等値性の体系を保持していて、それによってタブローの構成要素のそれぞれが、百の文字盤の上で百の針が示すように、同じ偏差を示しているということである。(S76)

フェルメールの作品に描き込まれたカーテンやテーブルなど様々なもののどれもが一定の特徴をもった仕方で描かれていて、その特徴の度合いはカーテンでもテーブルでも同一である。このことによってフェルメールの作品は、フェルメールによって描かれたものとして見られることになる。メルロ゠ポンティは、様式を「筆の身ぶり」(S76)とも言う。「筆の身ぶり」が、特徴的な描き方として画面を覆うとき、それは画家の様式として見られる。

作品の細部に関するこのような議論でメルロ＝ポンティは、アンドレ・マルローの『芸術的創造』を参照し、そこに見られる、画家は過去の作品の細部に現れた様式をもとに自らの様式を作り上げるという議論の枠組みを踏襲している。マルローは次のように述べている。

かくして彼〔芸術家：引用者注〕は、過去のある作品のうちに、さらに言えばある様式のうちに、彼にとって非常に効力をもつ治療あるいは発症力を見分けるのである。どれほどの天才が、最初にその周縁部に現れることか！　ドゥッチオ、ジオットは彼らの作品中の端役の人物像に見いだされるし、ドナテッロ、ミケランジェロ、ティントレット、エル・グレコ、レンブラントは、彼らの作品の背景の幻のような人物のうちに見いだされる。(7)

ある画家を特徴づける様式は一挙に獲得されるわけではなく、まず作品の周縁部に現れる。画面の中心部ではなく、背景や画面の端にほかの部分とは異質の様式が現れ、それが次第に画面全体を支配するようになってようやく、画家はその様式を獲得したことになる。そして、後になって過去の作品の周縁部にそのような様式を示す細部があったということが気づかれると、その作品の様相は一変する。

マネはわれわれに《王女マルガリータ・テレサ》の花束や奇妙なふうに縁取られた花瓶を発見させる（略）。偉大な様式の生命は、倦むことなく過去をかき回す。そうした様式のそれぞれは過去を「宙づり」にしておくのだから。(8)

マルローは、ディエゴ・ベラスケスの作品に描かれた花束や花瓶は、その後エドゥアール・マネが出現してはじめて注目されるようになったと言う。マネが用いた筆遣いが、ベラスケスとその同時代の人々には気づかれていなかった様相を、われわれに対して気づかせているのである。メルロ＝ポンティの様式に関する議論はマルローのこうした議論を取り入れたものである。

ではなぜ、作品の「片隅」に後になって気づかれるような細部が存在しうるのだろうか。メルロ＝ポンティは様式の概念を絵画に適用することについて、マルローの『芸術的創造』などの著作から示唆を得ている（PM82-83）。しかしマルローは、それを「世界を再び創造する手段[9]」として、画家の自由になしうるものであるかのように考えている。メルロ＝ポンティはこれを批判して、様式は「彼の影や普段の身ぶりと同様に、ほかの人々には認められうるが、彼自身にはほとんど見えない」（S67）と言う。『知覚の現象学』でメルロ＝ポンティは、絵画についてては様式の語を用いずに、身ぶりや知覚対象、哲学の著作などがもつ様式について語っている。対象に触れる手についてては「触れるのは私ではない。私の身体である。触れるとき、私は様々なことを考えはしないのであり、私の手が、その運動可能性の部分をなす、ある様式を見いだす」（PP365）と言い、様式を前人称的身体ではたらくものとする。メルロ＝ポンティは、自らのこうした様式概念によって、マルローから学んだ絵画の領域での様式の概念を変化させる。その結果、彼は次のように言うことになった。

> 画家自身は、何が彼に属し、何が物に属するか、何が彼の先行する作品にあったか、彼がそこに付け加えるものは何か、彼がその先行者たちからつかみとったものが何であり、彼のものは何か、決して言うことはできない、それを言うことに意味がないのだから。（PM95）

画家の新しい作品と過去の自分やほかの画家の作品との関係は、画家自身が明白に意識しているものではない。なぜなら、それらの関係について意識しているとすれば、それは自らの様式に気づいているということになるからである。画家が自らの様式に気づくことができないからこそ、作品のうちにほかの部分とそぐわない不統一な細部が存在することになり、また、後になってその細部に光が当てられるということにもなるのである。

マルローとメルロ＝ポンティの議論の間にはほかにも違いがある。マルローは、一方では画家は過去の作品の模写から始め、次いでそれを捨てて眼前の世界へ向かうと言う[10]。他方で、そうした直接的な関係を想定できない作品同士の間に様式の類似性が見られるときには、彼はその説明原理を、画家たちを背後で突き動かす「芸術のある想像上の精神[11]」に求める。これに対してメルロ＝ポンティは、画家が過去の画家の様式を意識的に学ぶことについては重視しない。作品同士の間に様式の類似性が存在するうえで、のちの時代の画家が過去の作品の様式を意識的に参照するというのは、必要不可欠ではない。そもそもメルロ＝ポンティにおいて、画家は自らの様式に気づくことはできないのだから、仮に過去の作品から様式を学ぶとしても、それを自らの作品に意図的に導入することはない。また、彼は「近代の人々が、よそで意識的な絵画が再び作り出したのと同じ様式に出合って仰天する、ヨーロッパの境界の外、あらゆる「影響」を離れたところで発掘された作品」（S81）という例を挙げながら、その説明原理を画家たちの背後の「精神」といったものには求めない。ではなぜ、そのようなことが起こりうるのか。ここで重要なのは、メルロ＝ポンティが画家の身ぶりに重点を置いているということである。一般に身ぶりを含めた身体の使用について彼は「ある領野を開き、ある領域を開始し、ある制度（institution）あるいはある伝統を創設する（fonde）」（PM111）と述べ、また次のように言う。

もしも人間の身ぶりに固有のものが、その単なる事実的存在を超えて意味し、ある意味を開始することにあるということが認められるならば、そこから、次のようなことになる。すなわち、あらゆる身ぶりはほかの全ての身ぶりに比較しうるものであり、（略）そのそれぞれがひとつの開始なのであって、ある続きあるいは何度もの再開を伴い、（略）前もってほかのあらゆる表現の試みと同盟または共犯の関係にあるのである。（PM112）

あるひとつの身ぶりがおこなわれることによって、あるひとつの制度が創設される。すなわち、その身ぶりが生み出したものがひとつの次元となり、のちに現れるほかの身ぶりは、最初の身ぶりと比較されうるものとしてあることになるのである。この比較の関係のためのひとつの次元になるものが制度としての作品であり、最初の身ぶりによってこの次元が開かれる。そして、「すでに据えられていたある慣習を制度（institution）へと変えること」（PM95）と言っているように、それらは最初から制度だったのではなく、捉えなおされることによって、事後的に制度になったのである。様式の類似もこの関係のなかで見いだされる。ある様式をもった作品が描かれると、それ以後に現れるほかの作品の様式はこれと比較されるものとして現れる。そしてある類似した様式をもつ作品が描かれたとき、過去の作品は、その様式をもつものとしての新たな様相を得る。このような類似を含めて、もろもろの絵画がその生み出された時代や場所の差異を超えて結ばれ、互いに比較されうるものとなる関係を、メルロ＝ポンティは「生きた歴史性」（PM103）と呼ぶ。それは、記述された限りでの歴史以前の、画家が描く身ぶりにおいて生じる「内密で慎み深い、熟慮されたものではなく意志によらないような歴史性」（PM103）である。美術館が見せてくれるような歴史は、この「生きた歴史性」から派生した「死んだ歴史性」（PM103）にすぎない[12]。

このように過去のものがある領野を開き、それとの関係で後のものが意味をもつことは、メルロ＝ポンティにとって、本書三九—四〇ページで論じた、フッサールが言う創設（Stiftung）の問題であった。

> フッサールはまずは時間の各瞬間、すなわち、それがまさに特殊なもので過ぎ去るがゆえに、存在したことあるいは普遍的に存在することを決してやめられないであろう各瞬間の、この無際限の豊かさ、そしてさらには、この豊かさから派生したものだが、文化の諸作用の豊かさを指し示すためにこの創設（Stiftung）という素晴らしい語を用いた。これら諸作用は、ある伝統を開き、自らの歴史的出現ののちにも価値を持ち続け、自らを越えてほかの、そして同じ諸作用を要求するのである。（PM95-96）

「文化の諸作用の豊かさ」というのは、メルロ＝ポンティの文脈で具体的に言えば、後になって同じあるいはほかの画家によって捉えなおされて大きく展開されることになる様式が過去の絵画の片隅に含まれていること、そしてそのような捉えなおしの関係が「無際限」であることを指している。この「諸作用」がおこなうことは「伝統を開」くことである。作品が生み出されることによって、そうした捉えなおしの関係が可能になるのである。メルロ＝ポンティは、この「文化の諸作用の豊かさ」を示すためにフッサールが用いた語が創設（Stiftung）だとする。ここでのメルロ＝ポンティの議論は、本書三八―三九ページで論じた『知覚の現象学』の視覚障害者の例についての議論の延長上にある。

近代絵画がグレコやティントレットを照らすというのは、新たな作品が登場することによって、過去の作品、ここではグレコやティントレットの作品の片隅に、それまで気づかれなかった様式が見いだされるということであり、それは、それら過去の作品がそのようなことの可能な領野を開いていたということである。こうして絵画の領域にも制度というあり方が見いだされるのである。

3　言語の制度

次に言語の制度について見てみよう。本書五四ページの引用にあるように、デカルトの場合であればスピノザ、ニコラ・ド・マルブランシュ、ゴットフリート・ヴィルヘルム・ライプニッツらが、それぞれの仕方でデカルトを解釈する。それはデカルトの一部分を強調し、新たなデカルト像を提出することである。メルロ＝ポンティは、「スピノザは自分がデカルトの真理を表現しているのだと考えるし、もちろん、ヘーゲルは、スピノザ、デカルトやほかの全ての哲学者たちの真理を自分が表現していると考える」（PM143）とも言う。デカルトやスピノザの哲学は、グレコ、ティントレット、フェルメールと同様に制度として、のちの哲学者による新たな解釈の可能な場を形成していた。
だが、メルロ＝ポンティが言語の歴史のあり方と絵画のそれとの間に何の違いも認めていないと考えることはできない。

言語の意味がタブローの意味に対してある特権をもっていて、結局われわれはこの対比を超えなければならないということがあるかもしれないが、この対比を試みることによってこそ、われわれは、この対比を最終的に不可能にするものに気づき、言語のもっとも固有なものを幸運にも発見する機会をもつだろう。（PM65）

そもそもこの『世界の散文』という著作の狙いのひとつは、絵画との比較によって言語の独自性を明らかにする点にあった。絵画と言語のどちらもが制度であるということは、その前段階の議論であり、その共通性を超えて、絵画にはなく言語の領域にだけ見られるような独自性を見いださなければならない。では、言語の独自性とは何か。
メルロ＝ポンティは「価値のあるどんな絵画も、自分が統合的であると主張したことは決してないが、真理にとっては、統合的であることが本質的なことなのである」（PM143）と述べ、また次のようにも言う。

それ〔絵画：引用者注〕はそれ〔過去：引用者注〕を明白な状態では含まない（略）。パロールは（略）過去を取り集め、回収し、実質的に含もうとするのであり、文字どおりに繰り返さないかぎりは過去を現前させることはできないから、それを調合し、パロールのうちに現れることが可能にする。パロールは我々に過去の真理を与えようとするのである。（PM141）

ヘーゲルがデカルトやスピノザの哲学について論じることは、「調合し、パロールのうちに現れることが可能にする」ことである。ヘーゲルの哲学史はそれらの哲学を論じ、その真理を明らかにする。それが「統合」である。そうしたことは絵画には起こらないとメルロ＝ポンティは言う。彼は「絵画が常に作られなければならないとしても、彼〔芸術家：引用者注〕が制作するであろう諸作品はすでに作られた諸作品に付け加わるのであり、それらを含むのではない」（PM139）とも言う。

とはいえメルロ＝ポンティは、絵画には過去を「含む」ということが全くないと言うのではない。

画家はその航跡を残す（略）。彼の初期作品の弱々しい調子は彼の円熟期の言語に優勢的に含まれている。ちょうどユークリッド幾何学が、一般化されたある幾何学に特殊例として含まれているように。（PM80）

メルロ＝ポンティにとって幾何学をはじめとする数学は、言語による知の極限的形態である（PM166-175）。したがって、ここでは絵画も言語と同様に過去を含むと主張されていることになる。絵画に関する見解のこの違いは、メルロ＝ポンティが「含む」という言葉で何を指しているのかによる。「すでに作られた諸作品に付け加わるのであり、それらを含むのではない」（PM139）という場合には、一枚の絵画が単位になっている。それに対して、「初期作品の弱々しい調子は彼の円熟期の言語に優勢的に含まれている」（PM80）という場合には、「調子」、すなわち様式が問題になっている。メルロ＝ポンティは「制度」講義で「絵画の歴史は描かれない」（IP89）と言っているが、それは、ヘーゲルがデカルトやスピノザの哲学を論じることによってそれらを含むようには、ある絵画作品は、過去の別の絵画作品を、作品を単位として含まないということである。こうして、言語と絵画の違いは、前者は統合をおこなうことによって過去の真理を明らかにすることができるが、後者はそれができないということにある。

なぜここで真理が問題になるのだろうか。一九五一年にメルロ＝ポンティは、『知覚の現象学』以来の自らの研究の展開についての文章を書いている。そこで彼は真理の問題に言及している。

ところで、もしいま、われわれが、知覚されたもののうえに、厳密な意味での認識、つまりそこにおいて精神が真実をつかみ、自分自身でもろもろの対象を定義し、そのようにして、われわれの状況がもつ様々な特殊性から解放された、ある普遍的な知に接近しようとするような認識の領野について考えるとすると、知覚されたものの領域は単なる見かけとみなされるのではないか、そして純粋悟性が認識の新たな源であり、それと比較すればわれわれの、世界との知覚による親縁性は、形がない下書きにすぎないのではないか？　こうした疑問に対し、われわれは、まずは真理の理論によって、次いで共同主観性の理論によって答えなければならない（略）。（PD41-42）

『知覚の現象学』で論じられていたのは「知覚されたもの」である。ここでメルロ゠ポンティは今後の課題として、「知覚されたもの」と、普遍的に妥当しうるものとしての認識との関係を問うことを挙げている。認識の観点からすれば、「知覚されたもの」などは「見かけ」にすぎないのではないか。彼は、この問題に答えるために必要なことは、真理と共同主観性の理論だと言う。ここで真理とは、歴史に関わることである。

思考のひとつの歴史というものがある。つまり、精神の作品の連続は、望まれるだろうあらゆる回り道をしながらも続けられていくあるひとつの経験のようなものなのであって、その経験の継続の間に真理がいわば蓄積していくのである。同じような意味で、人類のひとつの歴史あるいはもっと簡単に、ひとつの人類があると言うことができるだろう。言い換えれば、停滞や後退に関してあらゆる留保をつけるとしても、人間同士の関係は成熟し、その困難を教訓に変え、その過去の真理を現在のうちに受け継ぐことができるのである（略）。（PD46）

人間同士の関係は成熟していくものでなければならない。そのためには、過去に起こったことはそのつど無に帰してしまうのではなく、現在のうちに組み込まれなければならない。この引用文の直前にメルロ＝ポンティは、言語と、その使用による思考の交換に触れている。したがって、「精神の作品」とはそのことを指している。思考の歴史は、人間同士の関係が成熟していく歴史としての人間の歴史に対して、モデルとしての役割を負っている。それが可能なのは、思考の歴史では、過去のものが残存して真理が蓄積するからである。彼はこの文書のなかで、こうした構想を実現すべく準備されている著作として『世界の散文への序説』を挙げており（PD45）、その草稿がいまここで扱っている『世界の散文』である。言語では、ヘーゲルがスピノザに対しておこなうように、新しい表現は、過去の表現を解釈し、論じるという仕方によってそれに新たな光を当て、より包括的で普遍的な真理へと向かうことができる。それは、このような人間の成熟の歴史のモデルとして要請された議論なのである。

もちろん、オリヴィエ・モンジャンが言うように、新たな表現が過去の表現をその真理に変えて含むということは、表現のうちのひとつが「自分はほかを総合しているのだと主張する危険」(13)を伴う。この危険についてはメルロ＝ポンティも自覚している。彼はヘーゲルを念頭に置いて、「現在のうちでの過去の捉えなおしは、過去をその独自性のうちに残しておくのであり、それを真に「乗り越える」のではなく、それを全て［まるごと］含むと自負しはしない」（IP100）と述べる。本章冒頭に引用した文章は、この文脈で登場するものである。それを再び見てみよう。

ヘーゲルはわれわれに、総合は過去を「その現在の奥行き（profondeur）のうちに」保持すると言う。だが総合はどのようにしてある奥行きをもつのか、そしてこの奥行きとは何か。それはこの総合がもはやそれではないものの奥行きである（略）。（PM153）

ここでメルロ＝ポンティが言っているのは、ヘーゲルが過去の哲学を自分の体系のなかに含んだと自負しうるのは一定の条件のもとでだということである。メルロ＝ポンティは、ヘーゲルが自分はスピノザら過去の思想家の真理を表していると主張するにしても、ヘーゲルには含まれない「別の思想状況」（PM152）もやはりあるのであり、そこからヘーゲル自身も読みなおされなければならないと言う[14]。

メルロ＝ポンティは「文化的行動によって、私は、私のものではないもろもろの生のうちに身を置き、それらを突き合わせ、互いに明らかにし、真理のある領域のなかで共存可能にする（略）」（PM122）と言う。歴史を通じて真理が蓄積されていくことが人々の共存可能性の問題でもある以上は、ヘーゲルに対して彼は一定の留保をつけなければならない。しかしこうした留保をつけながらも彼は、言語における過去の統合のうちに、絵画には見られない真理の生成の重要な契機を見ている。

「制度」講義で、プルーストの作品に見いだされた愛の感情における過去と現在の同時性の構造は、絵画や言語の領域の制度にも見られるものとされていた。そしてまた言語の領域では、条件つきながら、新たな表現が過去の作品をその奥行きのなかで含むことが認められていた[15]。こうして、この一九五〇年代前半の制度に関する議論でも、同時性と奥行きの概念が重要な位置を占めている。それは、『行動の構造』や『知覚の現象学』での、ヘーゲルの『歴史哲学講義』に由来する奥行き概念の用法の流れをくむものである。

注

（1）Marcel Proust, *À la recherche du temps perdu*, III, Pierre Clarac et André Ferré (texte établi et présenté par), Bibliothèque de la Pléiade, Gallimard, 1954, p. 252.

（2）実際の講義では、画家個人の歴史というよりも、古代とルネサンスの遠近法についての議論がおこなわれた。その文脈は、古代の球面遠近法は廃棄され、ルネッサンスの時代に平面遠近法が発明されたが、だからといって平面遠近法が視覚の真実を表すとか、絵画の決定的な価値をなすものだということではなく、平面遠近法もやはり相対化されるべきものである、というものである（IP79-80, 82-84）。

（３）「メタモルフォーズ」はマルローが用いている語。「現実の無秩序と過剰さから、彼〔芸術家：引用者注〕は自らの初期の作品を修正したりメタモルフォーズする方法を取り出す」（André Malraux, *La création artistique*, A. Skira, 1948, p. 173.）

（４）いまの引用で畝《うね》溝と訳したのは sillon だが、ここでメルロ＝ポンティの念頭にあるのはプルーストだと思われる。メルロ＝ポンティは晩年の講義で、プルーストの『失われた時を求めて』の語り手が回想するコンブレーの教会について言及していて、そこにも sillon の語が見える（NC196）。メルロ＝ポンティが参照しているのは『失われた時を求めて』の第七編「見出された時」である。語り手は、ある対象の印象を描き出そうとしている芸術作品の鑑賞では、かえって鑑賞者はその印象がどのようなものであるかを問題にしなくなってしまうとし、「サンザシや教会がわれわれのうちに掘った小さな畝溝を見いだそうとすることは、あまりに困難であるとわれわれは思う」（Proust, *À la recherche du temps perdu*, III, p. 891.）と述べる。

（５）ここでもやはりメルロ＝ポンティはプルーストを念頭に置いているようである。プルーストは次のように言う。「というのも作家にとっての文体は、画家にとっての色彩と同様に、技術ではなく視覚（vision）の問題だからである。文体は、世界がわれわれに現れる、その仕方のうちにある質的な違い、芸術がなかったら、それぞれの永遠の秘密のままであるだろう違いを明かすものであり、直接的で意識的な方法ではそれは不可能だろう。芸術によってだけ、われわれは、われわれから出て、ある他人がこの宇宙について何を見ているかを知ることができるのであって、この宇宙はわれわれのものと同じではないのである（略）」（*Ibid.*, p. 895.）。この文章の後半部分は、「セザンヌの懐疑」の、「画家は、彼がいなければそれぞれの意識の分離した生に閉じ込められたままだったものを捉えなおし、まさに見える対象へと変える（略）」（SNS23）という部分におそらく反映している。またメルロ＝ポンティは、晩年の講義で「様式は視覚（vision）である」という命題を、マルローやプルーストを参照しながら取り上げる（NC218-219）。

（6）「一貫した変形」はマルローの用語（Malraux, *op.cit.*, p. 152.）。マルローは、この語によって、自然の形態を用いて先行する芸術様式を変容させることを指している。

（7）*Ibid.*, p. 165.

（8）*Ibid.*, p. 212.

（9）*Ibid.*, p. 51.

（10）*Ibid.*, p. 152.

（11）André Malraux, *Le musée imaginaire*, A.Skira, p. 52.

（12）メルロ＝ポンティがこうした議論をしていたのと同じ頃（一九五三年）、美術史家のマイヤー・シャピロも、一つの作品に異なった様式が混在するという事実に注意を向けるべきだと論じていた（マイヤー・シャピロ「様式」、マイヤー・シャピロ／エルンスト・H・ゴンブリッチ『様式』所収、細井雄介／板倉壽郎訳、中央公論美術出版、一九九七年、一五―二四ページ）。だが、シャピロが個々の作品のうちでの諸様式の混在に注意を喚起したのは、美術歴史をより精密に描き出すという目的のためだったのに対して、メルロ＝ポンティは、まさにそうした様式の混在に画家同士が描く身ぶりによる関係の結節点を見いだし、この関係を、美術史と呼ばれるものもその派生形態であるような歴史の生成の原動力とするのである。

（13）Olivier Mongin, "Depuis Lascaux," *Esprit*, 66(6), 1982, p. 72.

（14）ここに見られたヘーゲルに対する留保についてメルロ＝ポンティは、一九五四年から五五年にかけての「制度」「受動性」に関する講義でも触れ、前者の講義では、ヘーゲル主義は「現象学の発見であり、世界の諸要素間の生き生きとして、現実的で本来的な結合の発見ではあるが、この結合を哲学者の体系的ビジョンに従属させることによって、それを過去のものとしてしまう」（IP126）とし、また「受動性」講義では、「（ヘーゲルの弁証法とは異なって）決定的な乗り越えではない」「弁証法」（IP258）と言い、ヘーゲル的なものではない弁証法の可能性を示唆している。

これ以外にもメルロ＝ポンティの相対主義の側面を指摘することができる。メルロ＝ポンティは、幼児が描く遠近法を無視したように見えるデッサンを、失敗した遠近法とか遠近法へと向かう過程にある作品とする見方を批判し、

「われわれは逆に、表現の原初的諸方式を、それ自体として、そして積極的な達成として理解しなければならない」(PM206) と言い、また「幼児のデッサンは、「客観的な」デッサンを、どんな保証もなしに世界の存在を取り集めようと努める諸表現作用の全体のうちに置きなおし、われわれに、それがこの作用の特殊事例であることを気づかせるのである」(PM210) と言う。ここで「客観的」と言われているのは、メルロ＝ポンティが言う「古典的絵画」とその手段としての平面遠近法である。それは決して普遍的なものではなく、ひとつの特殊な例にすぎない。ここにはメルロ＝ポンティの文化相対主義的な側面が見られる。ただし、メルロ＝ポンティは、晩年の「眼と精神」で、あらゆる絵画は見ることの謎をことほぐものであるということも述べている (OE26)。それはメルロ＝ポンティの思想にとって必然的な主張ではあるが、より徹底した相対主義的立場からすれば批判の余地がありうる議論でもある。

(15) 奥行きをもつということが「含む」ということであるのならば、絵画も様式に関しては奥行きをもつということになる。

第3章　〈自然〉〈存在〉の思想史講義での現在と過去の関係

制度（institution）、創設（Stiftung）の概念は、前章で扱った制度論ののちも、メルロ＝ポンティの思想で重要な意味をもつ。本章では奥行き、同時性の概念は直接には扱わないが、それらに通じる思想や、それらと縁が深い制度、創設の概念が、制度の講義ののち、メルロ＝ポンティが、フリードリヒ・ヴィルヘルム・ヨーゼフ・フォン・シェリングやベルクソン、マルティン・ハイデッガーの〈存在〉や〈自然〉の概念についておこなった講義でどのように用いられているかを見る。これは、本書第4章「肉の概念と知覚における想像的なもの」と第5章「〈存在〉の概念と奥行き、同時性」で扱う、メルロ＝ポンティ自身が考える肉や〈存在〉の奥行き、同時性の概念への橋渡しになるものである。[1]

以下の文章は、一九五五年度のコレージュ・ド・フランスでの弁証法についての講義レジュメのものである。

ヘーゲルにおいて、弁証法から思弁への移行は（略）、秤を主観の方向に傾け、したがって「内面」に存在論的優位性を与え、とりわけ〈自然〉からその本来の理念を奪ってしまい、外在性を「〈自然〉の弱さ」としてしまうということを、人は見て取ってきた。[2]（RC82-83）

ここでメルロ＝ポンティが言う「思弁」とは、「絶対精神」を頂点に置く思想のことである。彼は、この「思弁」のために、ヘーゲルの弁証法では主観に重点が置かれ、それと〈自然〉との間の均衡を崩すことになっていると言うのである。だが弁証法とは本来そのようなものではない。

弁証法的思考は、非反省的なものと反省の一方を他方の犠牲にすることを望まないのだから、それは、自分以前にあったものの破壊としてとともに発展として現れるのであり、同様にその諸結果は、それら自身のうちに、そこへと至った進歩の全体を保持している。（RC80）

弁証法の構造については本書でもすでに何度も登場しているが、ここでもその説明が繰り返されている。そのことは「諸結果は、それら自身のうちに、そこへと至った進歩の全体を保持している」という最後の文に明らかである。ここではそれが、非反省的なものと反省の二項について言われている。ここで重要なのは、弁証法的思考は、自らに先行する非反省的なものを犠牲にしてはならないということである。だが、この原則は弁証法的思考を方法とする哲学で必ずしも十分に守られていなかったことを、メルロ＝ポンティは指摘している。

これらの記述からすると、メルロ＝ポンティの狙いは、意識や内面といったものに先行しながらも、それらに完全に従属させられないようなものを、それらとの真の弁証法的関係で再評価することであると言えるだろう[3]。そしてそれがヘーゲルに関しては、ヘーゲルの言葉を借りて〈自然〉と呼ばれているのである。

このことは、一九五六年度から始まる「自然の概念」と題する講義で、よりはっきりする。

〈自然〉についての哲学が放棄されてしまっているということは、精神や歴史、人間に関するある概念を包含している。そのことによってそれらを純粋な否定性として現れさせることが可能になっているのである。（N355）

ここでは、人間を〈否定性〉として捉えることが批判されている。そうした捉え方は、必然的に、〈自然〉に対する限定的な評価と相伴うものである。この捉え方の批判にあたっては〈自然〉の再評価が不可欠である。メルロ＝ポンティは、〈自然〉とは何かについて次のように言う。

というのも〈自然〉は単に認識の対面関係における意識の対象、相手なのではない。それはそこからわれわれが生じ、そこでわれわれの予備段階となるものが、ある実存へと結実する瞬間まで少しずつ据えられ、その実存を支え続け、実存にその材料を提供し続けている対象なのである。（N356）

「そこからわれわれが生じ」「実存へと結実」「実存を支え」「その材料を提供し」というところから、ここでメルロ＝ポンティが考えている〈自然〉は人間の意識の対象ではなく、むしろその意識をもった身体を作り上げ、その行動を支えているものである、と言うことができる。[4] そのように意識ではなく、かつ意識をもった身体を支えるものであるから、それは「いまだ主観―存在ではなく客観―存在でもない存在」（N357）であると言われるのである。〈自然〉とは主観―客観に分かれる以前の存在である。そこから、以下に扱う彼の一九五六年度の「自然」講義では、〈自然〉〈存在〉の概念が中心的に取り上げられることになる。

メルロ＝ポンティは、この「自然」講義で、〈自然〉の概念史を振り返り、シェリング、ベルクソン、フッサールの三人を肯定的に評価している。本章ではこのうち、前章で論じた制度の概念、さらにさかのぼればヘーゲルに由来する奥行きの概念に関わりが深い記述を多く含むシェリング論とベルクソン論を取り上げる。さらに、この一九五六年にはじまり、六〇年までおこなわれた一連の「自然」講義を中断しておこなわれた五八年度の「今日の哲学」講義から、ハイデッガー論の部分を第3節「ハイデッガーの存在概念と「開かれた記録簿」」で取り上げる。それは現代でどのような哲学が可能かを探った講義であり、メルロ＝ポンティ自身による、自らの思想の位置づけにも関わる講義だが、そのハイデッガー論の部分では、彼はより〈存在〉概念に重点を置いた形で、制度についての議論を取り込んでいる。

メルロ＝ポンティ自身の奥行きや同時性についての晩年の思想はこの講義を経た後に展開されるのであるから、それについての検討はのちにすることにして（第4章・第5章）、本章では、以上に述べたように、シェリング、ベルクソン、ハイデッガーの三人についてのメルロ＝ポンティの議論を検討することにする。

1 シェリングの「野生の原理」

メルロ＝ポンティは、「自然」講義でシェリングを論じ、その「野生の原理」の概念に言及している（N59-81）。その議論は、本書と関わりが深い、現在と過去の関係に関わるものである。[5] まずこの講義での、この概念への言及箇所を見てみよう。

> この第一の自然（erste Natur）、それはもっとも古いエレメント、われわれやあらゆる事物のうちに常に現存している「過去の深淵」である。この第一の自然（erste Natur）、それは「あらゆる生、あらゆる事物の根底的な生地であり、何か恐ろしいものであり、乗り越えることはできるが脇にのけることができない野生の原理」である。（略）〈存在〉の意識に対する〈存在〉のこの過剰、まさにこれこそ、シェリングがそのあらゆる厳密さをもって考えようとすることなのである。（N61-62）

この「野生の原理」という言葉は、シェリングが一八一〇年代に草稿の作成を繰り返した『諸世界時代』に登場する。最後の草稿に依拠するならば、それは、「神のうちの必然的なもの」[6] と呼ばれる「第一の自然」[7] を構成する三つのポテンツのうち、最初のものを指す言葉である。「否定する原理」[8] などとも言われるこの「原理」は、これと対立する「肯定する原理」[9]をうちに隠している。これが第一のポテンツを形成する。次に、この秘匿のうちから「肯定する原理」が前面に出て、第二のポテンツとなる。さらにこれら二つのポテンツの統一としての第三のポテンツが登場する。これら三つのポテンツは循環的な関係にあり、この循環は、神の登場によって終わる[10][11]。「過去の深淵」という言葉は、この第一のポテンツについて言われている。

いまもなおあの原初の否定はわれわれに見える世界全体の母であり乳母である。したがってあの、表現されるもの、外的なものへと措定された始まりの力は、見える自然の原胚種であり、そこから自然は、諸時代の連続において展開されたのである。自然とは過去の深淵である[12]（略）。

ここでシェリングは「自然とは過去の深淵である」と言っているが、この場合の自然は「第一の自然」と言われるものを指していると思われる。それを構成する三つのポテンツのうち、第一のものが、ここで「原初の否定」と言われているものである。そこから見える自然が生じてくるのであり、そのために、ここではそれが「母」と呼ばれている。メルロ＝ポンティは、シェリングのこの自然の産出性に注目し、「〈自然〉は同時に受動的であり能動的、産出されたものであり産出性である」（N61）と述べている。

しかしシェリングはこの著作で、この見える世界の源については、「否定する力」「収縮する原理」などの表現を用いることがほとんどであり、「野生の原理」という言い方をしている箇所はほんのわずかしかない。なぜメルロ＝ポンティは、あえてこの数少ない表現を用いているのだろうか。メルロ＝ポンティは次のように述べる。

〈自然〉の歴史、すなわちこのおそらく破壊的で野性的だが必然的な力がそこでは見失われている〈自然〉の歴史には、堅固なものは何もない。こうして十八世紀が問題になるのである。それはこの怒りと我性の原理が見失われた時代であった。シェリングは彼の時代に「もはや像でしかない、さらに言えば像の像、無の無でしかない世界」を見いだしている。「人々にしても、像、夢でしかない。この人々は、その無能が、文明化、啓蒙と自分たちが呼ぶものへの楽観主義的な努力において、全てを思考へと解消するに至った人々の無能に比しうる人間のようである。この暗黒とともに、この人間は、あらゆる力強さを失ったのであり、言ってしまえば野性的なこの原理――というのもどうしてそれをその名で呼ばずにいられようか――乗り越えられはするが無にされることはできず、あらゆる偉大さの真の土台であるところのこの原理を失ったのであるが[13]」(N62)

ここでメルロ＝ポンティは『諸世界時代』からかなり長い引用をしている。シェリングはその箇所で、啓蒙の時代にあって人々は神のうちの自然に目を向けず、啓蒙、文明へと向かっていると信じながら、自分自身の力強さを失っているのだと言い、この自然のことを「野性的なこの原理」と呼ぶ。シェリングはこの原理について、「思考に抵抗するこの原理[14]」とも言う。メルロ＝ポンティがここで注目しているのは、「野生の原理」がもつ、思考に抵抗するという性格である。メルロ＝ポンティは次のようにも言っている。

シェリングにこの第一の自然という観念を吹き込んだのは反省哲学、つまりそれにとって〈存在〉は反省と同時的であるような反省哲学への反対であり、〈存在〉はそれについてのあらゆる反省より古く、反省は二次的なものだという感情である。(N61)

〈存在〉の語は本節の最初の引用にも出ていた。シェリングは「第一の自然」について〈存在〉という言葉を用いているが[15]、メルロ＝ポンティは、シェリングのこの「第一の自然」についての議論を反省哲学に対する批判として考え、反省よりも古いものとしての〈存在〉を強調する。本節冒頭に引用したメルロ＝ポンティの文章は、いまの引用の直後にある。つまり、「過去の深淵」という言葉にメルロ＝ポンティは、反省以前のものという意味を込めていたのである。シェリングは「存在する神によって、自由のあの自然を超えた本質によって、原始の矛盾の状態、あの荒れ狂う火、欲望と欲求のあの生は過去として措定される[16]」と言う。神の登場によってその根底となった「第一の自然」が過去となる。この場合、過去はまずは神に対しての過去だが、メルロ゠ポンティはその「思考に抵抗」するという性格に注目し、それを反省以前のものとして捉えるのである。

なぜメルロ゠ポンティはこのように、シェリングの反省以前としての自然を強調するのか。これを理解するためには、それまでにメルロ゠ポンティが、反省と非反省的なものとの関係をどのようなものとして考えてきたのかを見る必要がある。これについて、彼はすでに『知覚の現象学』で論じていた。

措定的な思考の反省的理想が基礎づけられるのは、物の経験においてである。したがって反省は、それが前提し、利用し、それにとって根源的な過去（略）を構成する非反省的な地を援用するのでなければ、自らの十全な意味を把握することはできないのである。（PP279-280）

反省は、非反省的なものを地としてはじめておこなわれる。そして非反省的なものとは「物の経験」、すなわち知覚である。反省に先立って知覚されたものが、過去という言葉で名指されているのである。この十一年後の「自然」講義でメルロ゠ポンティは、「シェリングが言おうとしているのは、〈自然〉は反省以前のわれわれの知覚経験のうちに再発見されるということである」（N63）と言っている。反省以前の知覚という枠組みは『知覚の現象学』に見られるものと同様であり、それを引き継いでいる。そしてここでメルロ゠ポンティは、シェリングが言う自然を、この反省以前の知覚のうちに見いだされるものとしている。つまり、メルロ゠ポンティは、自らの初期以来の知覚に関する思想をシェリングに重ね合わせ、それを高く評価しているのである[17]。

本章の観点から見て重要なのは、シェリングが言う「野生の原理」を含む「第一の自然」である〈存在〉の、「乗り越えることはできるが脇にのけることのできない」（N61）という性格に、メルロ゠ポンティが注目していることである。本章冒頭で論じたように、この「自然」講義は、弁証法の問題との関連でおこなわれたものである。したがってメルロ＝ポンティは、シェリングの「野生の原理」のうちに、弁証法において反省に先行しながら、「われわれやあらゆる事物のうちに常に現存している」（N61）ものを見て取っている。それについて、本書でこれまでに論じてきたメルロ＝ポンティの思想の流れとの関連でとらえるなら、ヘーゲルに由来する奥行き、そして制度の概念の枠組みで、メルロ＝ポンティがシェリングを解釈しているということである。

2　ベルクソンにおける「開かれた記録簿」

一九五六年度の「自然」講義でメルロ＝ポンティはベルクソンについて論じ、その思想を、本章の前節で扱ったシェリングのそれと同様に、制度論の枠組みで解釈しているのだが、そこではこの枠組みがシェリング論に比べてより前面に出ている。本節では、メルロ＝ポンティによるこのベルクソン解釈について論じる。まず、前提となる議論を見てみよう。彼はベルクソンの、『創造的進化』第一章の次のような文章を引用する。

有機化された世界を貫いて進化する力は限界がある力であり、常に自分で自分を超えようとしながら、常に自らが作り出そうとする仕事に不適合なままにとどまるということを忘れてはならない。（略）生命一般は動性そのものである。生命の個別的なもろもろの現れはこの動性をしぶしぶとしか受け入れず、それに常に遅れをとっている。(18)（N89）

ベルクソンは同書第一章で、「自然のうちには完全に切り離された個体性は（略）ない(19)」と言い、「それ〔個体：引用者注〕は目に見えないつながりによってもろもろの生きているもの全体に結び付けられたままである(20)」

と言う。そして、「生命の世界にいくらかの目的性があるとすれば、この目的性は、生命の全体をある唯一の不可分な絆のうちに含みこんでいるのである。あらゆる生きたものに共通なこの生命は（略）個々の生きたものをある程度個体化させておくことができないほど数学的な意味で一つであるわけではない。だがそれでもやはりそれはある唯一の全体を形成しているのである」[21]と言う。一つひとつの生物は一見したところほかから独立した個体であるように見える。しかしそれらは卵子や精子によって親や先祖に連なっていて、その先祖から派生したほかの生物ともつながっている。そうだとすれば、生命というものを個体に限定して考えることはできない。そこでベルクソンは、それら全ての生物を貫いて流れる一つの生命を考える。そのなかで個々の個体は、相対的な独立を保ちはするが、しかしそれらはこの一つの生命を分かち持つものである。

この一つの全体的なものとしての「生命」について、ベルクソンは『創造的進化』第三章で次のように言う。

> 実際のところ生命は運動であり、物質性は逆の運動であり、これら二つの運動のそれぞれは単一であり、ある世界を形作る物質が不可分の流動であれば、それを貫きそこにもろもろの生きた存在を切り出す生命もまた不可分である。これらの二つの流れのうち第二のものは第一のものを妨げるのであるが、第一のものはそれでも何かを第二のものから得る。そこからそれらの間にある生きることの方式（modus vivendi）が結果するのであり、それがまさに有機組織なのである。[22]

ベルクソンは生命と物質を対立させる。生命の流れは物質の流れによって妨げられる。しかし、そのことによって有機組織ができあがる。彼が「自然」という言葉で言っているのは、必ずしも完全に個体化されていないが、しかしある程度は個体であるような生き物、すなわち有機組織によって形成される全体のことである。そこで具体的に考えられているのは、微生物、植物、動物、人間のことである。[23]生命が物質の妨げにあいながらも、その妨げとの交渉から得ていく結果が、それらの個々の生物である。それが前記のメルロ＝ポンティが引用した文章にあった、「動性」としての「生命一般」と、「有機化された世界」の「生命の個別的なもろもろの現れ」との関係である。これを受けてメルロ＝ポンティは、「かくしてシェリングにおけるように、〈自然〉は決して単に生産的原理なのではなく、不可分に生産者であり生産物なのである」（N89）と述べる。本書七四ページで触れたように、「自然」講義のベルクソン論に先立つ部分でメルロ＝ポンティは、シェリングについて「自然は同時に受動的であり能動的、産出されたものであり産出性である」（N61）と述べている。これと同様の自然のあり方を彼はベルクソンにも見いだす。ここで「生産者であり生産物」であるとは、「生命」の流れが物質と出合うことによって自然、すなわち個々の生物の総体が生み出されるということである。

ベルクソンはこうした生命の進化のあり方を論じるにあたり、〈存在〉という言葉を用いている。

〈存在〉を、回り道をせずに、それとわれわれの間に介入する無の幻に訴えることなしに、直接に考えることに慣れなければならない。ここでは行動するためではなく、見るために見るということに努めなければならない。そのとき〈絶対的なもの〉はわれわれのすぐそばで、そしてある程度まではわれわれにおいて明かされる。それは本質的に心理的なもので、数学的あるいは論理的なものではない。それはわれわれとともに生きる。われわれのように、だがいくつかの面では、計り知れないほどずっと自らに集中し、取り集められて、それは持続するのである。(24)

この文章でベルクソンが何を言っているのかを見てみよう。まずここで〈存在〉と無の対立が言及されている。ベルクソンは、無というものは考えられないと言う。

存在するものや知覚されるものは、ある事物やほかの事物の現前であり、何であるにせよその不在ではない。追憶や期待ができる存在にとってしか、不在はない。彼はある対象を思い出し、あるいはおそらくそれに出合うことを待ち受けていた。しかるに彼は別のものを見いだす。そこで彼は、それ自身追憶から生じたその期待が外れたことを、自分は何も見いださない、自分は無にぶつかっていると言って表現するのである。(25)

人が無という概念を考え出すのは、自分が期待していたものと違ったものが目の前にあるときに、その期待していたものが目の前にない、という残念な気持ちを表明するときである。ベルクソンは、「純粋単純に経験の糸をたどる精神というものがあったら、それにとっては空虚も、相対的あるいは部分的であっても無も、可能な否定もないであろう。そのような精神は事実が事実に、状態が状態に、事物が事物に続くのを見るだろう(26)」と述べる。記憶や期待というものがあるから無を考えられるようになるのであって、実際には何かが常にあり続けるのである。

もしもわれわれが、われわれが実在の観念に対立させるときに取るような意味での無の観念はひとつの偽の観念であるということを明らかにすることができたら、それが周囲に引き起こすもろもろの問題は偽の問題になるだろう。自由に行動し、優れて持続するある絶対的なものという仮説は度外れなものを何ももたないだろう。直観へより近づけられた哲学に、道は開かれ、その哲学は、もはや常識に同じ犠牲を要求しないだろう。(27)

「無」の観念は存在と対比して考えるようなものではなく、それは単に、期待していたものがいま眼前にないことを表現する言い方にすぎない。何かが常にあるのである。そうすると、論理的な原理のようなものを無に対立する永遠のものとして立て、その点から持続する実在を軽蔑する必要もなくなる。ベルクソンは「生命は進行し持続する(28)」と言う。したがってここで「持続するある絶対的なもの」というのは、彼が生命と呼ぶものを指している。持続について彼は、「持続とは前進しながら未来をかじり、膨らむ過去の、連続的進行である。過去は休みなく増大するのだから、過去はまた無限に保存される」[29]と言う。そしてまた「私がもつ視覚は、それでも私がもったばかりの視覚とは、それが一瞬だけ年をとったからにすぎなくても、異なっている。私の記憶がそこにあって、この過去の何かをこの現在に押し込むのである。私の気持ちは時間の道を進みながら、自分が取り集める持続で増大し続ける」[30]と言い、また、「全体における宇宙や、それだけ取り出されて見られたそれぞれの意識的存在のように、生きる有機体は持続する物である。その過去は全体としてその現在に延長され、そこで現実的にはたらきつづける」[31]と言う。過去は記憶として残存し増大しながら、現在のものに影響を及ぼし続ける。私の過去の視覚は私の現在の視覚に影響を及ぼすので、その分だけ現在の知覚は過去の知覚と異なる。この過去と現在の関係は有機体や宇宙全体についても言える。過去に経てきた過程が積み重なって、現在の状態を作っている。ここでベルクソンが有機体や宇宙全体について述べていることからもわかるように、これは生命が物質に妨げられながら有機体を生み出していく過程のあらゆる局面について言えることである。本書七九ページの引用で〈存在〉〈絶対的なもの〉と言われていたのは、「持続する」と言っていることからわかるように、この生命の過程のことであり、それを無というものを想定せずに考えなければならない。ここで生命ではなく〈存在〉と言われているのは、無ではなく何ものかがあるのはどのようにしてか、という問いから出発して論理的原理を立てるような思考への批判としての意味をもっている。また〈絶対的なもの〉については、ベルクソンは別の箇所で「唯物主義者とその反対者たちに共通な、事象的にはたらく持続はなく、絶対的なもの――物質あるいは精神――は具体的な時間、われわれの生の生地そのものであるとわれわれに感じられる時間のうちに場所を占めないという観念」[32]と述べている。つまりそれを精神と考えるにせよ物質と考えるにせよ、広く絶対的なものは非時間的なものであると考えられているが、ベルクソンは「持続」としての生命のあり方をそうした考え方に対比させているのであり、そこで彼は「持続するある絶対的なもの」と言うのである。

メルロ＝ポンティは、こうした「持続」の考え方について制度論の枠組みで注目する。彼はベルクソンの次の言葉を引用する。

> 何かが生きているところにはどこでも、時間が書き込まれるある記録簿があり、そのどこかが開かれている。[33]（N88）

この文章は、ベルクソンの論述では「全体における宇宙や、それだけ取り出されて見られたそれぞれの意識的存在のように、生きる有機体は持続する物である。その過去は全体としてその現在に延長され、そこで現実的にはたらきつづける[34]」という文章の後に位置している。生きたものの過去は保存され、そのものの現在のあり方に影響を及ぼしている。ベルクソンは、そのように過去が保存され増大することを「時間が書き込まれるある記録簿」と言っているのである。メルロ＝ポンティはこれについて次のように言う。

> そしてこの記録簿は有機体に内在する意識でも、われわれの意識でも、われわれによる時間の書き留めでもない。それによってベルクソンが指しているもの、それはある制度（institution）、フッサールなら言うであろうような、ある創設（Stiftung）であり、ある開始行為である。この行為はある生成を包括するが、この生成の外部にあるのではない。（N88）

メルロ＝ポンティは、ベルクソンの「記録簿」、すなわち持続の議論を、institution、Stiftung の議論に重ね合わせている。そして持続のなかで単に過去が増大していくというのではなく、それらの語によって示される、ある「開始」の「行為」が重要であるとしている。メルロ＝ポンティはベルクソンの議論を、制度論の延長上に捉えている。実際、「自然」講義のベルクソン論でメルロ＝ポンティは、「『創造的進化』の多くのページの値打ちは、歴史としての生命についての直観にある」（N88）と言う。しかしメルロ＝ポンティは、この値打ちについて無条件で認めるわけではない。ベルクソンは「無」の観念を批判する議論のなかで次のように言っている。

「この精神に記憶、そしてとりわけ過去にこだわる欲望を与えよう。（略）それはもはや過ぎ去る現実の現在の状態だけに気を留めないだろう。彼は移行を変化として、したがってあったものとあるものとの対比として考えるだろう。そして思い出される過去と想像される過去との間に本質的な違いはないのだから、それはすぐに可能なもの一般の表象へと達してしまうだろう」[35]。この議論は、のちにベルクソンが一九三〇年におこない、『思想と動くもの』に収録した「可能なものと現実的なもの」という講演で再び取り上げられる。

現実が予見不可能な、新しいものとして創造されるにつれて、そのイメージがその背後の漠然とした過去のうちに反映される。現実はこうした常に可能であったものとして見いだされる。だがそれが常に可能であったようになりはじめたのはまさにこの瞬間なのである[36]（略）。

何か新しいものが出現すると、それはいままでずっと可能だったものがいま実現されたかのように感じられる。しかし、それはずっと可能だったのではなく、それが可能だったように感じられるのは、その出現が過去に投影されたことによるのである。ベルクソンが『創造的進化』の文章で言っているのも、現在の現実を注視するばかりでなく記憶をはたらかせると、現在のものとそれに先立つ可能なものとの偽の対比が生じてしまうということである。これについてメルロ＝ポンティは次のように言う。

回顧的錯覚は〈存在〉と合致していない意識の説明である。この意識は常に〈存在〉に遅れをとっている。だが意識は〈存在〉と合致しなくなるや否や間違ったものであると言わなければならないだろうか？（略）可能なものの観念をみな排除しなければならないとすると、持続、生命、そして歴史のうちに「不連続な爆発」を見なければならない。だがもはや過去の現在への包み込みがないとすると、「持続」や「生命」といった語が何を意味するのかわからなくなる。（N100）

メルロ＝ポンティはここで、ベルクソンが無の観念を批判し、記憶をもたない精神にとっては「無」も「可能的なもの」もなく、現在の状態の継起だけがあると述べていることについて批判している。「可能なもの」という観念を排除してしまえば残るのは現在の状態の継起だけである。それがここでメルロ＝ポンティが言う〈存在〉との「合致」である。だがこの場合には、あるのは現在の状態の継起だけなのだから、眼前に生じているのが過去との関係をもって展開する「持続」や「生命」や「歴史」であることがどうしてわかるのか、という疑問が生じる。メルロ＝ポンティは「われわれと〈存在〉との間に距離がなかったら、持続はありえようか？」(N100-101)とも述べる。この批判は必ずしも当たっていないように思われる。というのも、ベルクソンは持続を、「可能なもの」として直観されるものとは考えていないからである。

純粋持続におけるわれわれの進化、あらゆる事物の進化について、われわれがもつ感情がそこにあり、本来の意味での知的表象の周囲に夜のなかへと消えてゆくぼんやりとした周辺部を描き出している。(37)

ベルクソンはこの感情について「曖昧な直観(38)」とも言う。持続は、現在の現実的なものに対する可能なものとして表象されなくとも、感情をもって直観されるのである。とすれば、必ずしもベルクソンが言うことに矛盾があるわけではない(39)。だが、ここで性急に解釈の当否を問うことはしないでおこう。メルロ＝ポンティがこのように批判したのは、彼が「記録簿」の問題を自らの制度論に結び付けるからである。

現在による過去の改変、マルローなら言うであろうこの「メタモルフォーズ」は、ある恣意的なものを示しているかもしれないが、同様に、同時代人たちがその当時には完全な認識をもっていなかったということをも指し示すかもしれない。文化の歴史には、現在には全く存在しておらず、未来を必要としていると言われうるような諸現実がある。ガリレオのような探求のうちには、ガリレオが見いだし予感したよりずっと多くのものが含まれていた。だがガリレオがある探求の領域を開いていたと言うことは恣意的だろうか？　要するに、〈自然〉についてのベルクソン的構想にとって、〈存在〉の要素としての可能なものを認めること（略）は不可欠なのである。（N101）

ここには、メルロ＝ポンティが『世界の散文』で論じていたのと同様の議論がある。後世の人々はガリレオ・ガリレイの仕事のうちに、ガリレオ自身も考えていなかったようなものを見いだす。しかしそれが可能なのは、ガリレオがそのような未来の探求の領野を開いていたからである。そしてこうした文化の歴史の議論が、ここではベルクソンの〈自然〉や〈存在〉の思想と結び付けられている。なぜメルロ＝ポンティは、ベルクソンの「可能なもの」についての批判を認めることができなかったのか。それはメルロ＝ポンティが、ベルクソンの『創造的進化』の思想を、産出の原理としての〈自然〉や〈存在〉の思想として受け取るばかりでなく、そこにこれまで彼が論じてきた、文化の歴史の理論、制度の理論を組み込む必要があったからなのである。制度としての歴史においては、持続に身を置くことによって過去の存在を漠然と感じるだけではなく、過去を捉えなおすことが必要である。そして、それをいまや〈自然〉や〈存在〉の思想のなかで考えることを、メルロ＝ポンティは必要としていたのである。

3　ハイデッガーの存在概念と「開かれた記録簿」

本節では、一九五八年から五九年にかけてメルロ＝ポンティがコレージュ・ド・フランスでおこなった「今日の哲学」講義のうち、ハイデッガーに関する部分を論じる。この講義はメルロ＝ポンティ自身が言うところでは、「今日における哲学の可能性」（RC141）を問うたものである。公刊された講義メモの冒頭で彼は、現代の哲学の

「退廃」（NC39）に言及している。だがそれはあらゆる哲学の退廃ではない。彼によれば、「哲学のこの退廃は非本質的なものであり、それは哲学するある仕方（実体、主観―客観、因果性に従った）の退廃である」（NC39）。主観―客観や実体といった用語に頼らずにどのようにして現代で哲学が可能かを問うこと、それがこの講義の目的である。

この講義で現代の哲学者として取り上げられているのはフッサールとハイデッガーである。とりわけハイデッガー論の部分は、本書でこれまでに論じた制度や、前節で扱ったベルクソンの「開かれた記録簿」に関する記述を含んでいる。さらにこの講義で重要な点は、これらの概念がとりわけ存在の概念に深く結び付けられていることである。それが重要なのは、一九五六年度の「自然」講義とは異なって、メルロ＝ポンティの五九年頃に始まる晩年の思想では〈存在〉と〈自然〉が概念として区別され、制度の概念に関わる議論が〈存在〉に関しておこなわれるようになるからである。その意味で本節で扱うハイデッガー論は、重要な意味をもっている。

メルロ＝ポンティは、前節で扱った、ベルクソンが言う「開かれた記録簿」について、このハイデッガー論では次のように言及している。

> 過ぎ去ったもの（Vergangen）ではなく、表象された過去ではないが、しばしば忘却（Vergessen）であり、能動的忘却、過去のはたらきとしての忘却であるような過去（Gewesen）がある。（略）世界の記憶、――時間が書き込まれるベルクソンの開かれた記録簿[40]（略）。（NC115）

メルロ＝ポンティはここで再び、ベルクソンの「開かれた記録簿」に言及している。ここでは過去に二種類あると言っている。一方は単に過ぎ去って、思い出されるだけの「過ぎ去ったもの」であり、他方は、忘れられているが、しかしその忘れられていることそのものが過去のはたらきそのものであるような過去である。ここで「忘却」という語は、ハイデッガーが言う存在の忘却を念頭に置いたものである。ハイデッガーは、「形而上学にとって存在そのものはまさに忘れられて（略）いる」[41]と言う。ここでメルロ＝ポンティは、ハイデッガーの存在概念を議論の中心とし、それにベルクソンの「開かれた記録簿」の問題を結び付けようとしているのである。彼がここでどのようにそれをおこなっているのかを、以下に見ていこう。

メルロ＝ポンティは、「「決定」は創造的ではなく、常に限定的である。（略）存在は生成、仮象、思考、当為（Sollen）によって包囲されていた。だが、それらを包囲しているのは存在だということを理解しなければならない（『入門』一五六ページ）」（NC114-115）と言っている。ここで『入門』とあるのは、ハイデッガーの『形而上学入門』のことである。メルロ＝ポンティが参照しているのは、次の部分である。

> 存在と対立しているあの諸力、諸区別自身が、それらの何重もの絡み合いにおいて、ずっと以前から、われわれの現存在に重大な影響を及ぼし、支配し、いまあるようにさせ、「存在」について混乱させているのである。さて四つの区別についての終始一貫した問いから、次のような洞察が生じる。すなわち、それら四つの区別に取り囲まれている存在は、全ての存在者を取り囲んでいる輪や根拠へと変貌させられなければならない、ということである。[42]

ここでハイデッガーが「四つの区別」と言っているのは、存在と生成、仮象、思考、当為のそれぞれとの区別である。彼はこれらの語を、次のような図式に表している。[43]

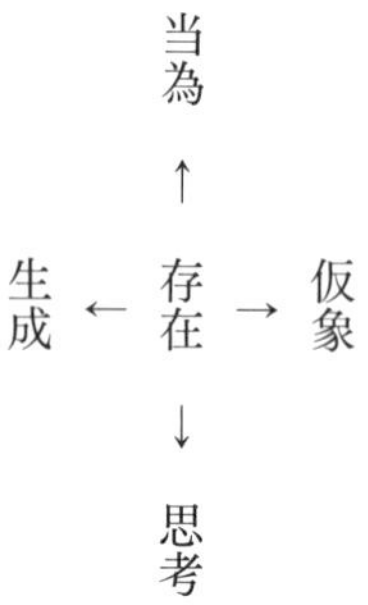

この図で、仮象、生成、思考、当為のそれぞれが存在を取り囲んでいる。それが前記の引用で「四つの区別に取り囲まれている存在」ということで言われていることである。しかしハイデッガーが言うのは、存在がこれらに囲まれているのではなく、存在がそれらを取り囲んでいるということである。個々の区別に関するハイデッガーの議論を見てみよう。

一般的な理解に従えば、「存在と仮象とは次のことを意味している、すなわち、非現実的なものと異なり対立する現実的なもの、真ではないものに反する真なるものである」[44]。つまり、仮象と存在は対立する別のものであり、仮象は非現実的なもの、真ならざるものであり、それに対して存在は現実的で真であるものである。しかしハイデッガーは次のように言う。

> 存在、すなわちピュシス（physis）は、出現し、外観と象面を差し出すものなのだから、それは本質的に、そしてそれゆえ不可避的に常に、真理のうちに、すなわち非隠蔽性のうちにある存在者がそれであるところのものをまさに覆い、隠す外観をもつかもしれない。そのうちにいまや存在者が立つに至っているこの外観は、見かけの意味での仮象である。存在者の非隠蔽性のあるところには仮象の可能性があり、その逆も言える[45]（略）。

ハイデッガーは、ピュシスについて、「それ〔ピュシス：引用者注〕は、自分から開き出るもの（例えばバラの開花）、開けていく展開、そのような展開で現象へと歩み入ること、そしてこの現象において持ちこたえ、とどまること、要するに、開き出て—滞在する支配を言っている[46]」と述べる。彼はまた、それは「当のものがある存在者でありむしろ非存在的なのではないように「している」ところのもの、存在者が存在者である場合に、その存在者において存在を成しているもの[47]」であると言う。つまり、ハイデッガーにおいて存在とは、存在者がそれとして現れ出て、それとしてあることを指すと言える。このようにして、存在者が存在者となっているのである。しかしそのように「現象へと歩み入る」ということは、また同時にそれとして見られるようになることでもある。そしてその場合にはそれとして見られた「それ」は、「見かけの意味での仮象」である。したがって、存在のはたらきによって存在者がそれとしてあることとそのものに仮象が生じるのである。そうであるならば、存在と仮象を対立させ、仮象との区別によって存在が取り囲まれているという言い方は不正確になる。そうではなく、存在がそれ自身と不可分に仮象を生じさせるのだから、もしも「取り囲む」という言い方をするのなら、存在が仮象を取り囲むというべきである。

だが、こうした存在と仮象の不可分の関係は次第に見失われる。ハイデッガーは、「最初に詭弁学派において、そしてプラトンのもとで、仮象は単なる見かけだと宣言され、それによって格下げされたのである[48]」と言う。存在と不可分なものとしてではなく、「単なる見かけ」として仮象が考えられるようになった。こうして存在と仮象が区別され、この区別によって存在が取り囲まれているという図式が生じてくる。

生成についても同様である。ハイデッガーは生成についての一般的な理解について、次のようにまとめている。

生成するものはいまだない。あるものはもはや生成する必要はない。「ある」もの、つまり存在者は、そもそもかつて生成したとき、そして生成することができたときに、全ての生成を自らの背後に放り出したのである[49]。

生成しているということは、いまだ存在者となっていないということであり、存在しているということは、すでに生成を終えているということである。存在しているということと生成しているということとは両立しない。このように、通常の理解では存在と生成は対立する概念として捉えられているとハイデッガーは言う。だが彼によれば、このように両概念を対立させるのは正しい見方ではない。

この「もはやなくいまだない」に従って、生成は非存在によってそれとしてあらしめられている。それにもかかわらず、生成は純粋な無ではないのであって、もはやこれではないがいまだあれでもなく、そうしたものとして常にある別のものである。したがってそれはそのときどきで違って見える。それはある不安定な眺めを提供する。生成は、こうして見ると、存在のひとつの仮象である。(50)

ハイデッガーは、存在のことをピュシスと言い、これについて、「開けていく展開」や「現象へと歩み入る」(51)と言っていた。存在するということは、生成に対する不動の状態として静的にあるということではなく、存在者を存在者たらしめることとして、動的なあり方をしているのである。存在が存在者をそれとしてあらしめることで存在者は常に変化して見える。つまり生成して見える。それもまた存在に必然的に伴う仮象のあり方である。仮象と存在が区別されるとともに、生成もひとつの仮象として存在と区別されるようになったのである。

次に存在と思考の区別について見てみよう。思考は、ハイデッガーが「言明(思考)(52)」と言うとおり、言葉によって言明することと切り離せない。

当初はロゴスは集約として非隠蔽性の生起であり、この非隠蔽性のうちに基礎づけられており、それに従属している。いまやロゴスは言明として逆に正しさの意味での真理の場所となる。(53)

ここでハイデッガーは二つのロゴスを区別している。『形而上学入門』で、ロゴスについてまず彼は、「われわれはロゴスの根本的な意味を、集約そして集約態として理解する[54]（略）」と説明し、次のように言う。

> 集約はただ一箇所に集めて蓄えることではない。それは互いに離れ対立しようとするものを、ある緊密な結び付きのうちにとどめおくことである。（略）とどめおくこととしてロゴスは、くまなく支配すること、すなわちピュシスの性格をもっている。[55]

ハイデッガーはまた、「ロゴスとは存続的な集約であり、存在者の、自己のうちに立つ集約性であり、つまりは存在である。（略）ピュシスとロゴスとは同じものである[56]」とも言い、ピュシスとロゴスをほとんど重ね合わせている。しかし、どの点で重ね合わせるのか。彼は、「それ〔ロゴス：引用者注〕に特有なことは存続性、とどまることである。（略）生起する全て、つまり存在へと来る全ては、この存続する集約に従ってそこに立っている。この集約は支配するものである[57]」と言う。ロゴスについてのこの文章とほぼ同じ内容が、本書八八ページに引用したピュシスについての文章[58]でも言われていた。しかし、そこには重心の違いがある。ピュシスについての定義のうち、後半の「そしてこの現象において」以降、とりわけ「持ちこたえ、とどまること」、そして「滞在する支配」という部分が、ロゴスについて言われていることに重なり合っている。ピュシスのはたらきのうち、存在者がその存在者としてあり続けることがロゴスなのである。

この意味でのロゴスに対し、言葉はどのような関係にあるのか。ハイデッガーは「言葉の本質は存在の集約性の集約のうちに見いだされる[59]」と言い、また、「語、命名は、自己を開示する存在者を、（略）この開け、限定、存続性のうちに保つ[60]」と言う。つまり、存在者が存在者としてあることは、それがそれとして凝集していること、すなわちロゴスによって可能なのだが、言葉はこのようにそれとしてあり続けている存在者を呼ぶことによって、その存在者を言葉によって呼ばれたあり方において存続させるのである。

だが言葉としてのロゴスはその性質を変化させる。

言われたことは繰り返し言われ、さらにほかの人に伝えられることができる。そのなかに保管された真理は広められ、それも、集約のなかに根源的に開示された存在者自身がそのつどことさらに経験されるわけではないほどである。言い伝えられたもののなかで真理は、存在者からいわば剝がれ落ちるのである。[61]

言葉を語ることとは、集約としてのロゴスにおいて存続する存在者を、再び言葉に語られた存在者としてのあり方で存続させることとして、「第二の意味で集約[62]」することである。しかし、この言葉が繰り返され、またそれがほかの人へと伝え語られるうちに、最初にそこに語られたものとして保護された存在者のありようはもはや伝えられなくなるということが起こる。こうして、問題はその言葉が当初の存在者のありようを正しく伝えているかどうかということになる。そこから、「当初はロゴスは集約として非隠蔽性の生起であり、この非隠蔽性のうちに基礎づけられており、それに従属している。いまやロゴスは言明として逆に正しさの意味での真理の場所となる[63]」ということになる。すなわち当初、ロゴスは、それが存在者のそれとしての存続の場合であれ、またそれが言葉によって呼ばれた場合であれ、存在者が存続することを指していたのだが、これが、その言葉の繰り返しの過程で次第にその言葉がもとの存在者を正しく呼んでいるのかどうかという問題に関わることになったのである。だがそれは、存在としてのロゴスのあり方そのものによって引き起こされたことである。

当為、すなわちなすべきことと存在との関係は、以下のように論じられている。

存在そのものがそのイデア性に関して固定されるほど、それと同じ程度に、それによって引き起こされた存在の引き下げは再び埋め合わせをせずにはいられない。だがそのことはいまや、存在が常にいまだそれではないが、いつもそれであらなければならないところの何ものかが存在のうえに据えられるようにしてわずかに可能である。[64]

ここでハイデッガーは、存在とイデアの関係の変化が、当為と存在との区別を生じるということを述べている。そこでまずイデアについて見てみよう。

ピュシスは開き出る支配であり、自己の―うちで―そこに立つことであり、存続性である。見られたものの外観としてのイデアは、それがある見ることに対立するかぎりで、そしてただそのかぎりで、見られたものとしての外観であり、存続的なもののある規定である。[65]

ピュシスは「現象へと歩み入り」「存続する」ことだった。そして、そのようにして現象した存在者がそれとして見られたとき、その見られたあり方がイデアである。まずピュシスのはたらきとしての存在があり、その存在者としての見られたありようがイデアなのだから、イデアは、存在による、存在者をそれとして存在させることのひとつの要素にすぎない。しかし、こうした位置づけに変化が生じる。そのようにして見られたものが、その存在者を見るものにとって、それが何であるかを示すことになる。そこで、イデアは「何存在（Das Wassein）、この意味での「本質」[66]であることになり、「本来的に存在するものはイデアであり、イデアは模範である」[67]ということになる。見るものに対して見える外観としてのイデアが、見るものにとっての存在者の「本質」をなすものとなり、いわばイデアが格上げされる。「イデアとしての存在が、いまや本来的に存在するものへと高められる」[68]のである。それとともに、存在者はこの「本質」としてのイデアを模範とし、それに倣うものとなる。

そのうえに、さらにもう一段の変化が生じる。

というのも外観を与え、そしてそのようにある仕方で存在するもの（on）であるものとしてのイデアは、そのような存在者として自分でも自分の存在の規定を、すなわち再び外観を必要とする。諸イデアのイデア、最高のイデアは、プラトンによれば善のイデア（idea tou agathou）である。[69]

イデアは存在者の典型とされたものの、やはりそれはたとえ「本来的」にではあれ「存在するもの」であり、「外観を与え」るものである。それが、前記の当為に関する引用で「存在そのものがそのイデア性に関して固定され」と言われ、また「存在の引き下げ」と言われていたことである。それは、存在についてイデアというものを考えたところからの結果である。これらのもろもろのイデアは、そのように「存在するもの」であることから、さらにそれらを規定するところのイデア、すなわちイデアのイデアをもとうとする。それが「善のイデア」である。個々のイデアは、先に引用したとおり「本来的に存在するもの」「イデアとしての存在」[70]だが、これらは「善のイデア」の下位に位置づけられる。ハイデッガーは、「存在がイデアとして定められるや否や、当為が存在の反対として登場する」[71]と言う。当為は存在と対立しているように見えるが、しかし、当為は存在のはたらきから、イデアの位置づけの変化を経て要請されたものであり、その意味でこの対立は存在自体が生み出したものなのである。

このようにしてハイデッガーは、存在を取り囲んでいるように見えた仮象、生成、思考、当為の四つの区別はいずれも存在自身から生じたものであり、その意味でそれら四つの区別のほうが存在によって取り囲まれていることを示している。このことをメルロ＝ポンティは、本書八七ページに引用したように、「「決定」は創造的ではなく、常に限定的である。（略）存在は生成、仮象、思考、当為によって包囲されていた、だが、それらを包囲しているのは存在だということを理解しなければならない（『入門』一五六ページ）」（NC115）とまとめていたのである。ハイデッガーの『形而上学入門』の文脈で言えば、存在の忘却とは存在が四つの区別に囲まれていると考えることである。本書八六ページの引用でメルロ＝ポンティが言う「能動的忘却」「過去のはたらきとしての忘却」というのは、四つの区別も、それに混乱させられているわれわれの現存在も存在のはたらきの成り行きによるものだということである。存在が能動的に自らを忘れさせたのである。

メルロ＝ポンティはハイデッガーのこれらの議論に関して、本書八六ページに引用した文章にあるように「時間が書き込まれるベルクソンの開かれた記録簿」（NC115）と言う。さらに彼は続けて次のように論じている。

> ペギーの「歴史的書き込み」（全てを包括し、時間の一点が決定的に創設された（gestiftet）ことに由来するこの書き込みは、なかったということにできない。：〈存在〉は何ものでもないものではないのである）（略）。（NC115）

「なかったということにできない」というのは、デカルトに由来し、メルロ＝ポンティが創設（Stiftung）について論じるときに頻出する表現である。[72] 存在はそのはたらきによって四つの区別を生じさせ、そのことによって自らを忘却させるが、しかし存在がなくなったわけではなく、その自ら引き起こした忘却によって、「われわれの現存在に重大な影響を及ぼし、支配し、いまあるようにさせ、存在について混乱させている」[73]。メルロ＝ポンティの『世界の散文』には次のような文章があった。

> こうして彼〔画家：引用者注〕が世界を見るや否やその世界が、そして彼の初期の試みや絵画の過去の全体が、彼に対して、ある伝統、いわば、フッサールが言うところの起源の忘却、別様にやりなおし、過去に、忘却の偽善的な形態である死後の生ではなく、記憶の高貴な形態である捉えなおしあるいは「反復」の生産性を与える義務を作り出すのである。（PM96）

画家が見る世界や、彼がかつて描いた作品、絵画史上の全ての作品は、画家がそれらを捉えなおし、新たな作品を描くことで、その基盤となり、またその新たな作品によって新たな意味を得る。そのようにしてかつてあったものはその価値をその出現ののちにも持ち続けるが、新たな意味を与えられることは、当初の意味が忘れられることでもある。それが「起源の忘却」ということで言われていることである。いま問題になっているメルロ＝ポンティのハイデッガー論での「忘却」という言葉には、ハイデッガーの「存在の忘却」ばかりではなく、『世界の散文』で制度について言われていた「起源の忘却」も重ね合わされているのである。

こうしてメルロ＝ポンティは、制度論をもとにして、ハイデッガーの存在論を解釈している。こうした枠組みの議論をメルロ＝ポンティは、自らの思想に取り込んでいくのである。それについては次章と第5章で論じることにする。

注

（1）フランク・ロベールは、一九五五年に出版されたジャン・ボーフレによるパルメニデスの詩の翻訳とそれへの序文が、メルロ＝ポンティの五〇年代後半のハイデッガー読解や〈存在〉概念導入のきっかけになったと指摘している。パルメニデスの詩では、思索を進めるべき三つの道が示され、そのうち「ある」の道が推奨され、「あらぬ」の道、そして「ありかつあらぬ」という道が退けられているが、ボーフレはこの第三の道を積極的に評価する解釈を提出した。ロベールは、メルロ＝ポンティが知覚の地平構造を重視する自らの思想に通じるものをこのボーフレのパルメニデス解釈に見いだし、さらにそれを通して〈存在〉概念に注目するようになったという見解を述べている（Franck Robert, *Phénoménologie et ontologie*, L'Harmattan, 2005, pp. 187-213.）。メルロ＝ポンティが〈存在〉や〈自然〉の概念を扱うようになるきっかけや要因はほかにも考えられるかもしれないが、筆者はこれを論じるための十分な材料を現時点では持ち合わせていない。今後の課題としたい。

（2）かぎかっこ内はヘーゲルの『宗教哲学』を念頭に置いた引用である（Cf. Georg Wilhelm Friedrich Hegel, "Vorlesungen über die Philosophie der Religion," in Hermann Glockner (hrsg.), *Sämtliche Werke*, Bd. XV, Fr. Fromanns, 1928, S. 427.）。そこでヘーゲルは、精神が無限の領域へと、自然の有限性を超えていくことを論じてい

る。

（3）したがってここでの弁証法は、本書第1章第2節で論じた、『行動の構造』での、意識とそれに先行するものを項とする弁証法論を引き継ぐものである。

（4）一九五四年から五五年にかけてのコレージュ・ド・フランスでの「受動性」に関する講義では、メルロ＝ポンティは、「われわれに先行し、われわれを支える「自然」」（IP170）と言っている。だが彼は、そこではこの概念をそれ以上は展開していなかった。

（5）メルロ＝ポンティは「野生の原理」の概念に、この講義ののちも繰り返し言及している。一九五九年に発表されたフッサール論「哲学者とその影」では、晩年のフッサールが論じた、意識による定立以前に生きられている層を、「シェリングが語っていた「野生の」原理」（S225）であるとする。彼は『見えるものと見えないもの』のために六〇年に書いたノートでも、「野生の原理」に言及している。本書一一二ページの引用を参照。

（6）SW, VIII, S. 210. シェリングの著作集（巻末文献表を参照）からの引用は、慣例に従い、オリジナル版全集の巻数とページ数をローマ数字と英数字で示す。

（7）SW, VIII, S. 212.

（8）SW, VIII, S. 217.

（9）SW, VIII, S. 217.

（10）SW, VIII, S. 233.

（11）この一八一五年版では三つのポテンツについての記述の後に語られる「何も欲しない意志」（SW, VIII, S. 235.）が、一一年版では最初に記述され（Friedrich Wilhelm Joseph Schelling, *Die Weltalter: Fragmente, in der Urfassungen von 1811 und 1813*, Manfred Schröter (hrsg.), C. H. Beck, 1966, S. 5.）、それにおける対立として、「自らの肯定」である「意志」と、「制限し、収縮し、否定する本性」をもつ「意志」（ebd., S. 18.）とが語られる。この後者について「野生の原理」（ebd., S. 51.）と言われるわけである。

（12）SW, VIII, S. 243.

（13）このコレージュ・ド・フランスの講義録は、聴講生のノートから復元されたものである。このシェリングからの引用部分に関して編集者は『諸世界時代』の一八一一年版とそのフランス語訳を指示し、引用部分にはフランス語訳の訳文を使用しているようだが、「人々にしても、像、夢でしかない」という部分までは一五年版の対応箇所から引かれていると思われる。

(14) SW, VIII, S. 343.

(15) SW, VIII, S. 210.

(16) SW, VIII, S. 254.

(17) メルロ＝ポンティは、この講義のフッサール論でも、「あらゆる能動性に先行する、より根源的な世界」としての「知覚された世界」に言及している（N105)。

(18) Henri Bergson, *Œuvres: Edition du centenaire*, André Robinet (textes annotés par), Presses universitaires de France, 1959, pp. 602-603.

(19) *Ibid.*, pp. 530-531.

(20) *Ibid.*, p. 531.

(21) *Ibid.*, p. 531.

(22) *Ibid.*, p. 707.

(23) 「地中の微生物、植物、動物は、生命が相互的な巻き込み合いの状態で最初に含んでいた全てのものの、生命がわれわれの惑星上で意のままに用いた物質によっておこなわれた分析を、われわれに示していると言えよう」(*Ibid.*, p. 594.)。また、「あらゆる生物は互いに支え合い、全てのものは同じ巨大な推力に届しているのである。動物は植物に支えられ、人間は動物界のうえに馬乗りになり」（*Ibid.*, pp. 724-725.）とも言われている。

(24) *Ibid.*, p. 747.

(25) *Ibid.*, p. 733.

(26) *Ibid.*, p. 743.

(27) *Ibid.*, p. 730.

(28) *Ibid.*, p. 538.

(29) *Ibid.*, p. 498.
(30) *Ibid.*, p. 496.
(31) *Ibid.*, p. 507.
(32) *Ibid.*, p. 699.
(33) *Ibid.*, p. 508.
(34) *Ibid.*, p. 507.
(35) *Ibid.*, pp. 743-744.
(36) *Ibid.*, p. 1340.
(37) *Ibid.*, p. 534.
(38) *Ibid.*, p. 534.
(39) メルロ＝ポンティは、ベルクソン自身においてこうした回顧性はのちに『思考と動くもの』の序文で「真なるものの遡行運動」としてむしろ肯定的に捉えなおされると言う（N101）。
(40) 『知覚の現象学』では、世界に内在するように錯覚される記憶について「世界の記憶」という言葉が使われる（PP84）。しかし一九五六年度の講義「自然の概念」でのホワイトヘッド論では、自然に内在する「世界の記憶」が肯定的に語られる（N163）。『見えるものと見えないもの』でも、「存在した存在は、存在したということを止めることができないということ。「世界の記憶」」（VI247）と言われる。加國尚志「世界の記憶と時のマグマ——接木された現象学のために」（理想社編「理想」第六百六十一号、理想社、一九九八年）を参照。ここでは「開かれた記録簿」と同様の意味で用いられていると考えられる。
(41) Martin Heidegger, *Einführung in die Metaphysik*, Max Niemeyer, 1953, S. 15.
(42) *Ebd.*, S. 155-156.
(43) *Ebd.*, S. 149.
(44) *Ebd.*, S. 75.
(45) *Ebd.*, S. 79.

(46) *Ebd.*, S. 11.
(47) *Ebd.*, S. 23.
(48) *Ebd.*, S. 80.
(49) *Ebd.*, S. 73.
(50) *Ebd.*, S. 87.
(51) *Ebd.*, S. 11.
(52) *Ebd.*, S. 145.
(53) *Ebd.*, S. 142.
(54) *Ebd.*, S. 102.
(55) *Ebd.*, S. 102.
(56) *Ebd.*, S. 100.
(57) *Ebd.*, S. 98.
(58) *Ebd.*, S. 11.
(59) *Ebd.*, S. 132.
(60) *Ebd.*, S. 131.
(61) *Ebd.*, S. 141-142.
(62) *Ebd.*, S. 131.
(63) *Ebd.*, S. 142.
(64) *Ebd.*, S. 150.
(65) *Ebd.*, S. 139.
(66) *Ebd.*, S. 140.
(67) *Ebd.*, S. 141.
(68) *Ebd.*, S. 140.

（69）*Ebd.*, S. 150.
（70）*Ebd.*, S. 140.
（71）*Ebd.*, S. 150.
（72）本書第1章注（14）参照。
（73）Heidegger, *Einführung in die Metaphysik*, S. 156.

第4章　肉の概念と知覚における想像的なもの

前章で論じたように、一九五〇年代後半の思想史講義で制度論は、〈存在〉の概念と結び付いている。晩年のメルロ゠ポンティの思想は、この結び付きを自らの思想の枠組みで捉えなおし、〈存在〉概念を中心に据えるものである。そしてそこに再び、奥行きと同時性の概念も関わってくる。だがメルロ゠ポンティの〈存在〉についての思想を理解するためには、まず肉の概念の検討が不可欠である。さらに、晩年のメルロ゠ポンティにおいて知覚がどのようなものとして考えられていたか、そこで奥行きや同時性の概念がどのような役割を果たしているかということを理解しておく必要がある。本章ではこれらの課題を扱い、〈存在〉の概念の検討は次章でおこなう。

メルロ゠ポンティはその晩年の思想でも、自らの議論の例証とするため、多くの芸術家と芸術作品に言及している。本章と次章でもそれらの言及を取り上げる。本章の議論に入る前に、晩年のメルロ゠ポンティにおける哲学と芸術との関係について整理しておこう。

メルロ゠ポンティは一九五九年六月に書かれたと推定されているノートで、次のように述べている。

> 哲学は、まさしく「われわれにおいて語っている〈存在〉」、無言の経験の自らによる表現として、創造である。同時に〈存在〉の再統合である創造：というのも、哲学は、歴史がこしらえる何らかの形成物（Gebilde）のひとつという意味での創造ではないからである：哲学は自分が形成物（Gebilde）であることを知っていて、純粋な形成物（Gebilde）としての自らを超えて、その起源を見いだそうとする。したがって哲学は根本的な意味での創造である：同時に一致であるような創造であり、ある一致を得るための唯一の方法である。
>
> 　このことは最高の芸術としての哲学についてのスーリオの諸見解を著しく深める：というのも芸術と哲学はともにまさに、「精神的なもの」の（「文化」の）宇宙における恣意的なでっち上げではなく、まさに創造であるかぎりにおいて〈存在〉との接触だからである。〈存在〉はわれわれが〈存在〉についての経験をもつためにわれわれに創造を要求するものである。
>
> 　この方向で文学を分析すること：〈存在〉の記入として。[1]（VI250-251）

彼の〈存在〉概念については後で論じるが、いまここで重要なのは、哲学と芸術とがともに〈存在〉に発し、〈存在〉を扱うものとして同列に置かれているということである。「われわれ」は〈存在〉にアプローチするために創造を必要とする。その創造には、芸術ばかりでなく、哲学も含まれている。ここでメルロ＝ポンティは、哲学と芸術とを類比的に扱っている。哲学が〈存在〉について論じるように、芸術は〈存在〉のありようを明かすものである。

　しかし哲学と芸術は単に並列しているのではない。メルロ＝ポンティは、一九五八年度から五九年度の講義の序にあたる部分で現代の哲学が退廃していると述べたうえで、その処方箋を提示している。

> 私のテーゼ：哲学のこの退廃は非本質的なものである：哲学するある仕方（実体、主観―客観、因果性に従

った）の退廃である。哲学は、詩、芸術、そのほかとのより密接な関係において、それらのうちに助けを見いだすだろう（略）。（NC39）

この講義で扱われているのは、クレーを中心とした絵画、アルチュール・ランボーやステファヌ・マラルメといった文学、そして無調音楽であり、その後に、フッサール論と前章で扱ったハイデッガー論が位置する。そしてこの講義と同時期に、晩年のメルロ゠ポンティが心血を注いだ著作『見えるものと見えないもの』の執筆が始まる。彼は哲学の思考の新たな枠組みを見いだし、自らの思想を作り出すために、芸術を参照項としているのである。それが可能なのは、芸術と哲学とを同じ目的を共有するものとして考えているからである。したがって芸術は哲学にとって例証でありうることになる。また芸術は後で触れるプルーストの小説の場合のように、メルロ゠ポンティ自身の思想の展開の鍵ともなりうる。それが芸術のうちに「助けを見いだす」ということである。したがってここでは、芸術を主に例証として扱っていた『知覚の現象学』の場合に比較して、メルロ゠ポンティの思想に対して芸術がもつ意義が大きくなっていると言える。

このように哲学が芸術のうちに「助けを見いだす」という場合に、また哲学と芸術がともに〈存在〉によって要求される創造であるという場合に、哲学と芸術との間には違いはないのだろうか。一九六〇年から六一年にかけての講義「デカルト的存在論と今日の存在論」の序にあたる部分で、メルロ゠ポンティは、「哲学は、多くの哲学を含むが混乱している根底的な探求から離れている。そこから、この講義の目的は暗黙のままにとどまっているわれわれの存在論を哲学的に定式化しようとすること」（NC166）だと言う。彼はまた「根底的な思考（芸術、文学）の諸標本」（NC166）とも言う。芸術には哲学に通じる思考が認められるが、その思考は暗黙のものにとどまり、混乱している。哲学の課題は、芸術に暗黙のうちに含まれている思考を取り出し、明確なものとして論じることだという主張である。本章では、メルロ゠ポンティの晩年の絵画論を中心に扱い、彼がどんな哲学的思考を絵画に見いだしていたかを明らかにする。(2)

1　「眼と精神」での奥行きと同時性

まず、一九六〇年夏の日付をもつ論文「眼と精神」での奥行きの知覚や同時性についての議論を、ここで検討する。なぜなら、そこには『知覚の現象学』のそれとの違いが認められ、その違いが肉の概念に関わっているからである。メルロ＝ポンティは「眼と精神」で、次のように画家たちの言葉を紹介する。「「セザンヌは一生の間奥行きを探求したのだと僕は思う」とアルベルト・ジャコメッティは言う。ロベール・ドローネーは「奥行きは新たなインスピレーションだ」と言う」（OE64）。このように奥行きが十九世紀から二十世紀の画家たちの間で重要な問題となっていることを指摘しながら、メルロ＝ポンティは自らの議論を展開する。彼はレンブラント・ファン・レインの《夜警》（図2）と通称される作品を挙げて以下のように言う。

《夜警》のなかでわれわれのほうを指している手は、指揮官の体の上の影がそれを同時に横から示すとき、真にそこにある。共存不可能だが一緒にある二つの眺めの交差に、指揮官の空間性はある。影、あるいはほかのそれに似たもののこの戯れについて、目をもつ人の誰もがいつか証人であった。この戯れこそが、それらの人々に、様々な物や、ある空間を見させていたのである。（OE29）

ここでメルロ＝ポンティは、絵画を例にとって、そこに明らかにされている現実世界の知覚のあり方を論じている。《夜警》の前景中央には二人の人物が描かれている。そのうちの左側の黒い服を着た人物の左手は、観客のほうに向かって差し出されている。その影が、右側の金色の服を着た人物の腰のあたりに落ちている（図3）。メルロ＝ポンティは、この影が黒い服の人物の左手の側面を感じさせ、観客の側からの左手の眺めとともに、こ

図2　レンブラント・ファン・レイン《夜警》1642年、カンヴァス、油彩359×438センチ　アムステルダム国立美術館所蔵
（出典：諸川春樹監修『西洋絵画の281人 カラー版』〔「美術手帖」5月号増刊〕、美術出版社、1995年、138ページ）

図3 《夜警》部分
（出典：同書138ページ）

の左手とその空間性を観客に感じさせると言う[3]。
ここでは、『知覚の現象学』での立方体の例のように、一方向からの眺めのうちにいまは見えない側面の眺めが含まれているというのとは少し違って、正面からも見える影が側面からの眺めを示唆するということになっている。しかしこの場合でもやはり側面そのものはあまり見えていないのであり、影はその側面からの眺めを示唆するものになっている。ここで「共存不可能」と言っているのは、ライプニッツの議論を念頭に置いた言及である。ライプニッツの可能世界についての議論で、神は複数の可能世界のなかから最善のものを選択したと言われる。ひとつの可能世界のなかで生じる出来事は互いに調和的、すなわち共存可能である。そして互いに共存不可能なものはひとつの可能世界には属さない[4]。メルロ＝ポンティのここでの文脈では、正面と側面の二つの両立しない眺めが共存することで人物の人物としての存在感、その空間性を見て取れるということになる。そしてメルロ＝ポンティは、こうした視覚のあり方は現実世界でも生じているのであり、それによって人は現実世界の空間性を知覚していると言うのである。

メルロ＝ポンティがこのように言う理由は、デカルトの視覚論に対する批判である。デカルトは「屈折光学」で銅版画を例に挙げ、銅版画は人々や町の様子、戦争や嵐を表現するが、描き出された像と現実の対象との間で似ていると言えるのはせいぜい形しかないと述べ、次のように言う。

そしてまたそれは非常に不完全な類似である。それら銅版画は、全く平らな表面の上で、われわれに、様々に起伏をつけられた事物を表して見せ、そしてまた遠近法の規則に従って、しばしば円を、ほかの円によってよりも楕円によって、そして四角形をほかの四角形によってよりもひし形によって、またほかの形についても同様に、よりよく表現するのだから。したがって、像の性質においてより完全で、対象をよりよく表現するためには、銅版画は対象に似てはならないのである。ところで、われわれはちょうど同じことをわれわれの脳で形成されるもろもろの像について考えなければならないし、そうした像がどのようにして、自らが結び付いている対象の様々な性質の全てを感じる手段を魂に与えることができるのかを知ることだけが問題なのであって、それらの像が、それ自体でどのように対象に似ているかを知ることではないということにわれわれは気づかなければならないのである[5]。

ここでデカルトが論じているのは平面遠近法である。円や四角が斜めから見られ、平面上に描かれる場合、それらはそれぞれ楕円とひし形として表される。つまり、投影されるのである。見る者はそれを円や四角を描いたものとして見るのだが、そのように見られるためには、それらは円や四角として描かれてはならない。それらは類似ではあるが「非常に不完全な類似」である。デカルトは、こうした絵画のありようをもとにして自らの視覚論を展開する。対象から発せられた光は眼底で像を結ぶ。このとき像は対象と逆の向きになっているが、しかし対象の「似姿」[6]になっている。眼底部に形作られた像はそこにある神経線維を刺激し、その刺激が脳に伝わり、ここでも対象に類似した像を結び、さらにこの像が脳の中央にある共通感覚をつかさどる腺に伝わる[7]。この過程で、屈折などによる変化、あるいは眼底部で光によって刺激される神経線維の数やその範囲といった要因による変化を被るにしても[8]、脳の中心にまで進んだ形像は「それが発してきた諸対象との、幾分かの類似はとどめている」[9]。

しかしデカルトは「感覚するのは魂であって身体ではない」[10]と言う。そして感覚は脳のなかに到達した「絵」の、対象に対してもつ類似性によって起きるのではないと述べる[11]。そうではなく、「その絵を構成している運動」[12]が身体と結び付いた「魂に直接にはたらきかける」[13]ことによって「感覚する」のである。つまり魂は、魂と身体の接合部分での神経線維の運動を、光や色に翻訳していると言うのである。また形については以下のように言う。

> そして形が、対象の様々な部分の状態についての認識、あるいは意見によって判断されるのであって、眼のなかの絵の類似によるのではないということもまた明らかである。というのも、これらの絵は、普通、それらがわれわれに円や四角を見せるときにも、楕円やひし形しか含んでいないからである[14]。

脳の中心部にまで対象の像が送り込まれてはいても、その伝達過程での影響のため、脳の中心での絵の対象との類似はわずかな程度にとどまっている。実際の視覚は、しかしそのわずかな類似によるのでさえなく、神経線維によって伝えられる運動と、さらに、距離や形といった対象の状態についての魂の判断による。

視覚において対象は投影されると考えることと、視覚は魂による判断であるということとはデカルトでは一体である。メルロ＝ポンティは魂による判断としての視覚というデカルトの説に反駁するために、デカルトと同様に絵画を例証とし、画家が描く奥行きの経験を持ち出すのである。メルロ＝ポンティは、デカルトの「屈折光学」の議論について次のように言っている。

隠れる場所がない、そのどの地点でもそれとしてあって、以上でも以下でもないこの空間、〈存在〉のこの同一性こそが、銅版画の分析を支えているのである。空間はそれ自体としてあり、あるいはむしろ空間は優れて即自であり、その定義はそれ自体としてあるということである。空間の各点はそれがあるところに、つまりある点はここに、ほかの点はあそこに、というふうに存在し、また考えられるのであって、空間は、どこということの明証性である。空間においては、方向性、極性、包摂は、私の存在に結び付けられた派生的現象である。空間は絶対的に自らのうちに安らっていて、どこでも自分に等しく、等質である（略）。（OE47）

デカルトが、銅版画の分析で、遠近法的投影を原理とし、銅版画の平面に円は楕円として、正方形はひし形として投影されるとするのは、彼が空間を等質な、そのどの部分もが自らに安んじているものとして考えているからである。空間の各点はそれぞれがそれ自身においてだけ存在し、ほかの点には関わりをもっていない。

これに対してメルロ＝ポンティは、空間の知覚はそのようなものではないとする。

私が飛行機から見るような、これらの近い木々と遠い木々との神秘のない間隔が問題なのではありえない。また遠近法的デッサンが私に鮮やかに表してみせる、諸物の互いの隠蔽が問題なのでもありえない。これらの二つの視覚はあまりに明白で何の問題も提出しない。謎をなすもの、それはそれらの結び付きであり、それらの間にあるものである――それは私が諸物のそれぞれを、まさにそれらが互いに覆い隠し合うからこそ、その場所に見るということであり――、まさにそれらのそれぞれがその場にあるからこそ、それらが私のまなざしの前で競合しているのだということである。(OE64)

メルロ＝ポンティによれば、それぞれの物の視覚は、互いに共存不可能である。そのひとつを見ることは、ほかの物を見ないということである。だが競い合うということは、あるひとつの物を見ているときに、見られていないほかの物も、見られてはいないにせよ、その競い合いに参加しているということである。そして、そのように競い合いに参加しうるのは、それが前者とは別の自らの場所に、しかし前者と同時に存在しているからである。それぞれを見る視覚は共存不可能でありながら、現在見えていないものもその存在を主張しているからこそ「競合し」「覆い隠し合う」ということになる。これはデカルトが考えるのとは異なった視覚のあり方である。レンブラントの《夜警》はそのことを示している。この場合には、ひとつのものについての互いに共存不可能な視覚の同時性によって、手の空間性が感じられる。それを可能にしているのは腕の影である。そしてこの同時性によって奥行きの経験が可能になる。

このように理解された奥行きはむしろ、諸次元の可逆性の経験、全てが同時にあり、高さや幅、距離がそこから抽象されるところの全体的な「局在性」の経験、ある物がそこにあるというひと言で表現されるような嵩の経験である。(OE65)

ここで問題なのは、飛行機に乗って上空から見ることができる木と木の間隔ではなく、また一方向から見たときに単に一方の木が他方の木を隠すということでもなく、それら二つの眺めの間にあるものである。それは、それらの複数の木の一方が他方を隠すことにおいてまさにそれらのそれぞれがその場所にあると見えるようにするものである(OE64)。つまり視点を変えれば見えるような木々の間の距離ではなく、あるひとつの地点で一挙に知覚される奥行きである。高さ、幅、距離という諸次元は、この奥行きの経験をもとに、視点を変えることで測られるものにすぎないし、視点を変えればそれらは交換可能なものとなる。物がそこにあるというのはそうした諸次元以前の奥行きの知覚で捉えられることなのである。こうした共存不可能な視覚の同時性という点で、メルロ＝ポンティの奥行き論は、デカルトの投影をモデルとする視覚論に対する批判をなすものである[15]。

いま引用した「眼と精神」の文章には、本書二七ページに引用した『知覚の現象学』の文章との違いが認められる。『知覚の現象学』では、奥行きは知覚者から対象への距離、あるいは対象がもつ部分のうち、知覚者に近い側と遠い側との間の距離と同一視されるものだった。これに対して、「眼と精神」からの文章では、高さと幅と距離の三つが奥行きからの抽象なのだと言われている。もはや奥行きと距離は同一視されていない。「眼と精神」の執筆時期を挟んで書き継がれていた『見えるものと見えないもの』にも、このような奥行きについての言及がある。

見られた世界が私の身体「のうちに」あるのではないし、私の身体が最終的に見える世界「のうちに」あるのでもない。ある肉に押し当てられた肉として、世界はそのある肉を取り囲むのでも、それに取り囲まれるのでもない。見えるものへの参与や類縁化として、視覚は、決定的に、見えるものを包み込むのでもそれに包み込まれるのでもない。見えるものの表面の薄膜は私の視覚と私の身体にとってだけ存在する。だがこの表面の下の奥行きは私の身体を含んでおり、したがって私の視覚を含んでいる。見えるものとしての私の身体は大規模な光景のなかに含まれている。しかし見つつある私の身体はこの見える身体、そしてそれとともに全ての見えるものの基盤となっているのだ。（VI182）

ここでは、奥行きが「私の身体」や「私の視覚を含んでいる」と言われている。そのような奥行きは、身体と対象との間の距離と同一ではありえない。ここでメルロ＝ポンティは奥行きという言葉で何を示しているのか。

『知覚の現象学』の奥行き論と、「眼と精神」や『見えるものと見えないもの』のそれとの違いは何を意味するのか。それを理解するためには、『見えるものと見えないもの』で見る身体と見えるものとの関係がどのようになっているのか、そして肉とは何かを検討する必要がある。

2　肉の概念

晩年のメルロ＝ポンティが奥行きという語によって何を示していたのかを考えるため、まず、見るという行為の発生の場面について彼がどのような議論をしているかを検討してみよう。そこには〈自然〉の概念と、晩年のメルロ＝ポンティに特徴的な、肉の概念が関わってくる[16]。

本書の第3章で論じたシェリング論とベルクソン論では〈存在〉と〈自然〉は同一視されていたが、一九五九年以来展開されるメルロ＝ポンティの議論ではその二つの概念には違いがある。〈存在〉については後で論じることにして、〈自然〉について見てみよう。それは具体的には何を指すのか。五九年から六〇年にかけての講義に、〈自然〉の位置づけについて述べている文章がある。

> 〈自然〉というテーマは数的に区別されたテーマではない——哲学の唯一のテーマがある：「自然」—「人間」—「神」という結合（nexus）、鎖（vinculum）。〈存在〉の葉層としての〈自然〉、そして同心円的なものとしての哲学の諸問題。（N265）

ここで〈自然〉は、〈存在〉の「葉層（feuillet）」だと言われている。feuillet とは地層を構成する層のひとつ、すなわち葉層や、ノートのなかの紙一枚や、キノコのかさの裏側の一枚一枚の襞などを指す語である。地層全体、ノート全体、キノコのかさの襞全体が〈存在〉に相当し、それが「「自然」—「人間」—「神」」という結合、鎖の全体であるとすれば、この全体を構成する要素のひとつが〈自然〉であるということになる。[17]

前記の引用では「自然」は「人間」の前段階であるように語られている。それらの段階的関係について、メルロ＝ポンティは次のように言う。

> われわれの主題：〈自然〉に関して、それを存在論的葉層として研究することが重要であった——そして、特に生命に関して〈自然〉の葉層の二重化を研究することが重要であった——人間に関しては、それを〈自然〉におけるその出現の地点で捉えることが重要である。生命—物理—化学の相互包摂（Ineinander）、物理—化学の襞あるいは特異性としての生命の実現——あるいは構造があるのと同様に、人間は動物性と〈自然〉との相互包摂（Ineinander）において捉えられなければならない。（略）人間は（機械の意味での）動物性＋理性ではない。（略）理性である以前に人間性はある別の身体性である。（N269）

ここで言われているのは、動物性と人間との関係である。動物性に理性を加えれば人間になるのではない。「物理—化学」のひとつの展開として生命が生じ、また「物理—化学」は生命のなかの要素となるという関係があり、それと同様に、動物性から人間が生じるが、人間のうちに動物性が含まれるという関係がある。[18] 一九五七年度の講義の正式なタイトルは「自然の概念——動物性、人間の身体、文化への移行」であり、テーマの点でこれに続く五九年度の講義のタイトルは「自然とロゴス——人間の身体」である。五七年度の講義は、実際には生物学、動物学の検討で終わっている。そこで残された「人間の身体」の問題が五九年度に持ち越されたのである。メルロ＝ポンティは五七年度の講義で、「有機体を部分ごとに分析するかぎり、物理—化学的な現象にしか向き合えないが、有機体の全体の考察に進んでみれば、全体性は生理学的な用語ではもはや記述しえず、それは浮き出ているように見えるのである」（N194）と述べている。「人間は動物性と〈自然〉との相互包摂において受け取られなければならない」（N269）という場合の〈自然〉と「動物性」とは、このような、「物理―化学」的なものと、そこから生命をもって生じる動物のことを指す。したがって、狭い意味では〈自然〉は「物理―化学」的なものを指す。人間はこれらのうえに理性を重ねたものではなく、人間もやはり身体性をもっているかぎり、これら「物理―化学」的なものと動物的なものから生じ、かつ、それらを自らの要素としてもっている。したがって、動物や人間も「物理―化学」的なものを包摂しているかぎりでは、〈自然〉だと言える。〈自然〉についてのこうした議論の過程で、晩年のメルロ＝ポンティに特徴的な概念である肉が登場する。(19)

物理化学における生命の出現と同様に生命における肉の出現（略）――そして生命が物理化学のなかにではなく諸要素の間に、もう一つの次元のようにしてあるのと同様に、感覚可能性（Empfindbarkeit）は客観的身体のなかにも、また生理学的なもののなかにさえもない。（略）生誕：子どもの魂は母親の魂に由来するのではなく、魂の懐胎というものはない。懐胎が生み出すものはある身体であり、世界の諸作用がそれに達するとき、それは見ることを始める。魂が身体に降りてくることはないが、むしろ生命の、その揺りかごにおける出現、引き起こされた視覚がある。それは身体のある内面があるからであり、この見えるものの、われわれには見えないある「別の面」があるからである。見るのは眼ではない。だがそれは魂でもない。それは開かれた全体としての身体である。（N280）

「物理―化学」的過程で生命が出現する。さらにこの生命に肉が出現する。生命が「物理―化学」的過程に還元されないように、肉もそれに先行する過程に還元されるものではない。いまの引用文の後半では、身体をもつ生命が生まれ、それが見ることを始めることが語られている。肉は、見ることに関わるものとして考えられている。『見えるものと見えないもの』にも、同様の議論がある。

あたかも、開かれてはいたが使われていなかったこれら全ての水路、回路によって、それらを貫いていくことになる流れが流れそうに、ついには流れざるをえなくなるようになり、この流れがある胎児を新生児にし、ある見えるものを見るものにし、ある身体を精神あるいは少なくとも肉にするかのようである。（略）見える身体が、自分自身へのはたらきかけによってある視覚の生じるくぼみを整備し、長い成熟を開始する。この成熟の末に、突然見える身体は見るようになり、いわば自分にとって見えるものになるのである（略）。（VI193）

引用の冒頭に「あたかも」とあるが、前の引用と合わせれば、ここにメルロ＝ポンティの身体と肉の関係についての思考が語られていると考えて差し支えはない。胎児は見えるものであり、身体である。この胎児が成長し、生まれることで新生児となる。流れとは視覚のことだろう。そこで新生児は見ることを始め、また自分をも見る。[20]このとき身体は肉となっている。ここで身体と肉を区別するのは、身体は見えるものであるのに対し、肉は見えるものであるとともに見るものでもあるということである。

このような哲学にとって本質的な概念は、肉という概念であって、（略）それは感じられるものと感じるものの二重の意味で、感じることができるものである。（VI313）

身体は感じられるものである。しかし、肉はそれとは異なり、感じられるものであるとともに感じるものでもあり、この二重の意味で肉は感じることができるものである。メルロ＝ポンティは、「肉を、身体や精神といった実体から考えてはならない」（VI193）と言う。また「肉は、物質ではなく、精神でもなく、実体ではない」（VI184）とも言う。この説明はデカルトの思想を念頭に置いている。デカルトは「屈折光学」で魂と身体を分け、「見るのは魂であって眼ではない[21]」と言う。これに対しメルロ＝ポンティは、「見るのは眼ではない。だがそれは魂でもない。それは開かれた全体としての身体である」(N280)と言う。ここでは見るのは身体であると言われている。だがそれは見るばかりではなく見えるものでもあり、この二重の意味で言えば、それは肉である。見るものであるとともに見えるものである肉は、デカルトの議論にはそぐわない。したがって肉は、デカルトが言う意味での実体ではないことになる。

このように考えられた身体は、ほかの見えるものとの間に次のような関係をもっている。

逆に、それ〔身体：引用者注〕が触れ、見るのは、それが様々な見えるものを自らの前に対象としてもっているということではない。それら見えるものは身体の周囲にあり、その囲いの内側にまで入り込み、その内にあって、そのまなざしや手を外からも内からも覆っているのである。(VI181)

ほかの見えるものと身体とは見えるものとしてのかぎりで違いはない。身体の外側が見えるものはもちろん、身体の内側も結局は見えるものである。「囲いの内側にまで入り込み」と言われているように、人間の身体とものの境界は曖昧である。見るものが見ているその当のものと、見るものとは連続している。

それはつまり私の身体は世界(それはひとつの知覚されたものである)と同じ肉でできており、そのうえ、私の身体のこの肉は世界によって共有されており、世界はこの肉を反映し、世界はこの肉へとはみ出し、この肉は世界へとはみ出し、(略)それらが侵食とまたぎ越しの関係にあるということである。(VI302)

私の身体も、その内側に至るまで見えるものなのだから、厳密には私と世界との間には境界はない。知覚されたものとしての世界と見えるものとしての身体は相互侵食している。そして、身体が見えるものであるばかりでなく見るものでもあることによって肉であるのと同様に、世界の側も肉としてのあり方をしている。[22] 肉とは、

「物理―化学」的なものと生命の相互包摂からなる〈自然〉における、二重の意味での「感じることができるもの」というあり方のことだと言うことができる。[23]

3　視覚の成立――反響と想像的なもの

次に、このような肉の考え方に基づいて、具体的に何かが見えるということをメルロ＝ポンティがどのような事態として考えているのかを検討しよう。「眼と精神」には、画家による知覚と制作についての次のような文章がある。

> われわれの前のそこにある質、光、色彩、奥行きは、それらがわれわれの身体の中にある反響を引き起こし、われわれの身体がそれを迎えるからこそ、そこにあるのである。この内的等価物、諸物が私のうちに呼び起こすそれらの現前のこの肉的な仕方、それらが今度は、なぜ、やはり見えるものであるある痕跡を呼び起こさないだろうか（略）？（OE22）

ここでメルロ＝ポンティは、画家が見ているものは、画家の身体のうちに反響を引き起こすと言う。「質」とあるのは、色彩が別に挙げられているところから、おそらく形や大きさのことを指していると考えられる。これが身体のうちに内的等価物を引き起こすのである。

反響という言葉は、『知覚の現象学』でも用いられていた。

触るのは私ではなく、私の身体である。私が触るときには、私は様々なことを考えはせず、私の両手が、それらの運動的諸可能性の部分をなすある様式を見いだす。それこそが、知覚野ということが語られるときに言われていることである。現象が私のうちである反響（un écho）に出合い、私の意識のある本性と調和し、現象と出合いにやってくる器官が現象と同調するのでなければ、私は効果的に触れることはできない。（PP365-366）

この前の部分で、「触れ、手探りするのは意識ではなく手である」（PP365）とも言われているように、ここでは、全てを構成するような意識と身体とが対比されている。したがって、ここで「私の意識のある本性」というのは、身体に根ざしたかぎりでの意識だと考えられる。ここで言われているのは、手が事物に触れるとき、その触れられているものの手触りが手にも反響を呼び起こすということである。例えば、「滑らか」とか、「ざらざら」といった触覚的な質は、対象の「表面が、われわれの触覚的な探査の時間を用いたり、われわれの手の運動に変化をつける、その仕方」（PP364）である。この「抑揚」が、「ある反響」ということで言われているものである。ここで問題になっているのは、感覚的な対象と身体という、互いに感覚的なもの同士の関係であり、そのためにここでメルロ＝ポンティは反響という言葉を用いているのである。

同様の事態が、『見えるものと見えないもの』でも語られている。

もろもろの見えるものの、そのうちのひとつの周りへのこの集中、あるいは身体の塊の、諸物へのこの炸裂——それが、私の皮膚のある振動が滑らかさやざらざらした感じになるようにし、私が眼で物そのものの運動や輪郭を追うようにするものだが——、諸物と私との間のこの魔術的関係、この契約、すなわちそれに従って、私が諸物に私の身体を貸し与えることで諸物がそれらの似姿（ressemblance）を私の身体に刻みつけ、私に与えるようになるところの契約、（略）見るものと見えるもの、触れるものと触れられるものという鏡写しのこの二つの系列が、ある非常に緊密な体系をなしているのである（略）。（VI192）

身体は見えるもののひとつであって、それが見ることを始める。そのときに、見られるものが見るものの身体のうちに、皮膚に感じる滑らかさや、運動や輪郭を追うことに伴う目の動きといった、知覚されるものに似たものを引き起こす。つまり、「反響」と言い、「似ている」と言うのは、同質のもの同士の間で知覚という出来事が生じることを指している。メルロ＝ポンティは、肉としてのありようでは、人間とほかの諸事物の間に差異を認めない。それらは「鏡写しの二つの系列」として考えられ、それらの間に「似姿」を介した関係が成立する。これは、『知覚の現象学』で、触覚の様式に関して論じていた反響という考えを展開したものであり、見るものと見えるものがともに肉であることによって、よりいっそう知覚の反響としてのあり方が強調されている。(24)

だが、こうした眼前にあるものとの反響や似姿の関係だけで視覚が成立するわけではない。メルロ＝ポンティは、『見えるものと見えないもの』のなかで、赤い色、そして赤い服の知覚について論じている。

そしてその赤は、文字どおりには、それがある布置において現れるか、あるいは別の布置において現れるかによって同じではなく、そこに、一九一七年の革命の純粋な本質が沈殿しているのか、あるいは永遠の女性的なもののそれ、あるいはフランス革命の訴追官のそれ、それとも軽騎兵の服を着て二十五年前にシャンゼリゼのビヤホールを占拠していたジプシーたちのそれが沈殿しているのかによって、同じではない。ある赤とは、様々な想像的（imaginaires）世界の底から持ってこられたある化石でもあるのだ。（VI174-175）

メルロ＝ポンティは、別の箇所で「弁別的体系としての知覚」（VI267）と言っている。ある事物はほかのものとの関係ではじめてそのものとして知覚される。ある赤い色は、それがその周囲のどのような色とともにあるかによって異なって見えるし、赤い服は、そのほかのどの赤いものとの関係のなかで見られるかによって異なって見える。様々な色、またそれにとどまらず様々なものは、周囲にあるほかの色、ほかの見えるものとの対比によって、また過去に見られたものとの対比によって、いま、その色、そのものとして見えているのである。(25)

メルロ＝ポンティは、いまの引用で「ある赤とは、様々な想像的世界の底から持ってこられたある化石でもあるのだ」（VI175）と言っていた。知覚には想像的なものが関わっているのである。視覚における想像的なものについて、彼は、『見えるものと見えないもの』の執筆中の一九六〇年から六一年にかけての講義「デカルト的存在論と今日の存在論」で触れている。

だがそれ〔視覚：引用者注〕は想像的能力でもあり、〔それは〕暗闇の目（l'occhio tenebroso）である。絵画によっておこなわれる、見えるものについての絵画的「科学」。（略）それぞれの見えるもののうちに見えるものの全体が、もろもろの染みや鐘の音のうちにあらゆる色、あらゆる音や語。（NC174-175）

ここでメルロ＝ポンティは、「想像的」ということを考えなければ視覚を解明することはできないと言う。[26]「暗闇の目（l'occhio tenebroso）」というのは、レオナルド・ダ・ヴィンチによる次の手記を念頭に置いたものである。

絵画と詩の比較。想像力は目ほど完全に見ない。なぜなら眼は対象から像あるいは似姿を受け取り、それらを感覚能力へと到達させる。それらは、そこから、それらを判断する共通感覚へと向かうのである。しかし想像された表象は、記憶へと預けられるのでなければ共通感覚から出ることはできないし、また記憶において、想像された表象はとどまり、死ぬ。もしも想像された事柄が大したものでないならば。（略）内的な眼において光を想像することと、暗闇の外での実際の知覚との間になんという違いがあることか！[27]

眼によって受容された感覚は共通感覚へと移動し、共通感覚はそれに基づいてその感覚が属していた対象を認識する。共通感覚はまた想像がおこなわれる場でもあって、そこで想像されたものは、よく想像されたものであれば記憶へと伝えられ保存される。[28] ここで眼と想像力はそれぞれ絵画と詩に割り振られる。ここで「内的な眼

(l'œil intérieur)」と訳されている部分は、イタリア語原文では「暗闇の眼(l'occhio tenebroso)」となっている。アンドレ・シャステルは、この部分につけた注で、「暗闇の眼(l'occhio tenebroso)は、レオナルド・ダ・ヴィンチによって「内的な視覚」に与えられた名前である」[29]と述べている。メルロ＝ポンティはこの部分に注目し、それを自らの議論に取り込んでいるのである。

レオナルド・ダ・ヴィンチがこの「暗闇の眼」を想像力と結び付けるのは、絵画を詩よりも優れたものとする議論の文脈でであって、むしろレオナルド・ダ・ヴィンチにとって、想像力は否定されるべきものである。「絵画的「科学」」という言い方も、レオナルド・ダ・ヴィンチがほかの芸術に対して絵画を優位に置く議論をおこなうときに用いていた言葉を念頭に置いたものである。[30]それをメルロ＝ポンティは想像力に結び付け、レオナルド・ダ・ヴィンチの意図をあえて裏切っている。だが彼は、何の根拠もなく恣意的にレオナルド・ダ・ヴィンチを読み替えているのではない。本書一二〇ページのメルロ＝ポンティの文章の後半部、「もろもろの染みや鐘の音」という部分は、やはりレオナルド・ダ・ヴィンチの手記を念頭に置いている。レオナルド・ダ・ヴィンチは、画家が自らの能力を高めるために壁の染みを見ることを勧める箇所で、次のように言っている。

君はそこに戦闘や生き生きとした身ぶりの人物像や奇妙な顔や服装、そして無数のものを見ることができるだろうし、それを君はあるはっきりとした形へともたらし、完全にすることができるだろう。そしてこれらの壁や色については鐘の音と同様なのである。鐘の打つ音に、君は、君の想像したいあらゆる音や語を見いだすだろう。[31]

ここでレオナルド・ダ・ヴィンチは、ある鐘の音のうちにあらゆる音や語を想像することと、壁の染みのうちに様々なものを見いだすことは同様のことであり、そのように壁の染みを見て様々なものを想像することが、画家にとって訓練になると言っている。メルロ＝ポンティは、この壁の染みを見て様々なものを想像するというところから、レオナルド・ダ・ヴィンチの想像力論を視覚に結び付ける。[32] そしてそこから彼は、「視覚は想像的能力でもあり」「それぞれの見えるもののうちに見えるものの全体」と言うのである。彼が赤い服の知覚に想像的なものが関わると述べるのは、こうした議論を背景にしている。[33]『見えるものと見えないもの』で、メルロ＝ポンティは見られている物、触れられている物は、知覚者の身体のうちに目の運動や手触りといった「似姿（ressemblance）」（VI192）を生じさせると言う。これは反響として生じる。そして、彼は、赤い服の知覚の例で、現在見えている赤い服は、過去に見られた様々な赤い服という「想像的」（VI175）なものとの関係においていま見えていると言っていた。つまり、過去におこなわれた知覚は想像的なものとして残っていて、これが反響によって呼び起こされることで現在の知覚が成立するのである。[34]

現在の知覚を対比によって成立させるものは、過去に見られたものばかりではない。

> 正確に言おう。それ〔眼に見える現前するもの：引用者注〕は私の視覚を塞いでいるのであり、いわば、時間も空間もかなたに広がっているとともに、それらはそれの背後に、ひそかに（en profondeur）、隠れているのである。（略）精神分析学者らが言う隠蔽記憶のように、現在のもの、見えるものは、それが告げ知らせ、隠す、この過去、未来、そしてよその莫大な潜在的内容に基づいてだけ、私にとって重要なのであり、私にとって絶対的権威をもつのである。（VI152-153）

現在見えているものと対比されるほかのものは、過去に見られたもの、未来に見られるだろうもの、ここではないよそで見られるものを含む。メルロ＝ポンティがここで「かなた」とか「背後」と言っているのは、空間と時間の双方についてである。それらのものは現在の見えるものを対比によってそれとして知覚させながら、それら自体としては現在見えないものとなっている。「隠蔽記憶」はジークムント・フロイトの用語であり、過去の別の記憶を隠し持つ記憶を指す。[35] だが、いまの引用で「隠蔽記憶」と呼ばれているのは、実際には記憶ではなくいる。

「現在のもの、見えるもの」であって、知覚されているものである。[36]それがほかの知覚経験との対比で成立していることを、メルロ＝ポンティはこの言葉で示しているのである。[37]

一九六〇年十一月に書かれた「自然」と題されたノートでも、彼は知覚を精神分析的に考えるべきものとしている。

一種の眠りの時間（それはベルクソンが言う、常に新しく常に同じ、生まれつつある持続である）。感じることができるもの、〈自然〉は過去と現在の区別を超越しており、その内部での一方から他方への移行を実現している　実存的永遠性。破壊しえないもの、野生の〈原理〉

〈自然〉の精神分析をおこなうこと：それは肉であり母である。

（略）

私の目に見える風景は、時間のほかの諸瞬間や過去に外的なものであったり、総合的に結び付けられているのではなく、それらを真に自分の背後に同時性において、自分の内部にもっており、その風景とそれらの瞬間が時間の「なかで」並んでいるのではないのはどんな意味でであるのか[38]（VI320-321）

メルロ＝ポンティは「〈自然〉の精神分析」が必要だというが、それは知覚されるものを「隠蔽記憶」として考えることを指している。現在私が見ている風景は、ほかのものとの対比で現在見えている。それら対比されるものは、それらとの対比で現在見えるものがそれとして見えていて、しかしそれら自体としては現在見えていないという意味で、現在見えるものと同時的にその背後に隠れているという言い方が成り立つ。また現在眼前に見えるものの知覚は、その成立においてほかの知覚経験を対比という仕方で含んでいるのだから、ほかの見えるものの知覚経験は、眼前の見えるものの内部にあるとも言える。その点で、「時間のほかの諸瞬間や過去」は、いま「私の目に見える風景」と同時的である。

赤い服の知覚を例にとるならば、その赤さや形が見るものの身体に反響を呼び起こすばかりではなく、想像的なものとしての過去に見られた赤い服や、未来に見られるかもしれない赤い服、よそでの赤い服の知覚が、現在の反響と結び付いてはじめて現在眼前にある赤い服の知覚が成立する。そうしたほかの知覚経験もその経験の時点では、やはりそのほかの知覚経験との関係で成立していたはずだから、この関係は無限に広がっていく。『見えるものと見えないもの』からの前記の引用に「鏡」という語があったが、メルロ゠ポンティは「眼と精神」でライプニッツを念頭に置いて、「視覚は宇宙の鏡あるいは凝縮である」（OE28）と言う。ライプニッツは『形而上学叙説』で、「あらゆる実体はひとつの全体的世界のようなものであり、神の、あるいは宇宙全体の鏡のようなものである」[39]と述べる。また、彼の『モナドロジー』にも、「それぞれの単純な実体は全てのほかの実体を表出する関係をもっており、したがって、宇宙の生きた永遠の鏡である」[40]とある。実体は鏡として宇宙全体を映す。メルロ゠ポンティは、これを視覚のありようを表す言葉として念頭に置いている。とすれば、知覚における類似も、単に感覚的な個物との類似ではない。眼前の物を見るとき、その物の知覚の成立にはほかの様々な物の知覚が寄与している[41]。

リシールは、デカルトからフッサールに至る哲学者は、感覚的な現れと、思考される対象との二重視をその方法としていたと言う。例えばフッサールは、平板で奥行きを欠いた個々の射映の無限の連続を考えている。見えないものとはいま見えていない射映であり、それは無限にあるが、統整的に機能する理念としての物を想定することで対象が対象として現れる。これに対してリシールは、メルロ゠ポンティが思考されるものと見かけとの対立を排し、後者の地位を高めたと言う。「見えないものについて、その不在が世界のうちに数えられるということは、（略）見えないものは見えるものを構成しているということである」[42]。見えないものとは、単にいま見えておらず、いずれは見える射映ではなく、それとの関係でいま見えている物の見かけが成立するものである。「見かけのうちにゆがみがあるのだから、そして見えるものが、メルロ゠ポンティが言うように、「常に口を開けた外的地平と内的地平の一種の隘路」（VI175）であるから、奥行きがある。（略）見かけはキルト加工されているのであり、そのキルトを満たす詰めものは世界の実質そのもの、まさにメルロ＝ポンティが名づけるように、その肉である」[43]。リシールが「ゆがみ」と言うのは、見えるものが見えないものを背景に成立しているということである[44]。その言葉がふさわしいかどうかについてはここでは問わないが、見えるものが見えないものとの関係で成立するのは彼が言うとおりである。だが彼は、そこで地平をなすものが何かについては述べていない。だが本節で述べたように、いま見えているものの知覚を成立させているのは、それと対比されるほかの知覚である。

　晩年のメルロ＝ポンティにおいて、肉とは見るものであるとともに見えるものでもある「感じることができるもの」であり、そのなかで、眼前にあるものの知覚は、ほかのとき、ほかの場所での知覚との対比で、それを奥行きとして背後にもつことによっておこなわれるのである。

注

（1）エチエンヌ・スーリオは、『哲学的創建』で、哲学は最高の芸術であると主張する（Cf. Étienne Souriau, *L'instauration philosophique*, F. Alcan, 1939）。スーリオのこの主張については、Martial Gueroult, "La voie de l'objectivité esthétique," in *Mélanges d'esthétique et de science de l'art: Offerts à Étienne Souriau par ses collègues, ses amis et ses disciples*, Nizet, 1952, pp. 95-124 を参照。

（2）本章の第1節で論じている絵画の同時性の問題は、ドローネーやクローデルの絵画論に見られる同時性の概念との関係で見られるべきものでもある。メルロ＝ポンティとドローネーとの関係については本書の補論を参照。

（3）メルロ＝ポンティは「光、照明、影、反映、色彩」について、「それらは俗な視覚の限界に接しているので、普通は見られない」（OE29）と言っている。「影、あるいはほかのそれに似たもの」という部分の、「似たもの」とはこれらのものを指すのだろう。

（4）共存不可能性（incompossibilitas）の語は、直接的には論理学の文脈で用いられ、ライプニッツは「ここにしかし人間たちの認識を、いまだ逃れる点がある。様々な事物の共存不可能性の起源は何か？」（Gottfried Wilhelm

Leibniz, *Die philosophischen Schriften von Gottfried Wilhelm Leibniz*, Bd. VII, Carl Immanuel Gerhardt（hrsg.）, G. Olms, 1978, S. 195）と言っている。メルロ＝ポンティは一九五六年度の「自然」講義でもこれについて言及している（N64）。そこで彼はモローによる一文だけのフランス語訳（Joseph Moreau, *L'univers leibnizien*, E. Vitte, 1956, p. 230）を指示していて、この講義録の編者は、メルロ＝ポンティがこれを参照していると言う。ライプニッツのこの文章については、石黒ひで『ライプニッツの哲学——論理と言語を中心に』（岩波書店、一九八四年）六五ページを参照。メルロ＝ポンティによるライプニッツ読解については、Barbaras, *op.cit.*, pp. 263-269, Emmanuel de Saint Aubert, *Le scénario cartésien: Recherches sur la formation et la cohérence de l'intention philosophique de Merleau-Ponty*, J. Vrin, 2005, pp. 185-240 を参照。

（5）Descartes, "La dioptrique," p. 113.

（6）*Ibid.*, p. 120.

（7）*Ibid.*, p. 129.

（8）*Ibid.*, pp. 132-134.

（9）*Ibid.*, p. 130.

（10）*Ibid.*, pp. 109, 141.

（11）*Ibid.*, p. 130.

（12）*Ibid.*, p. 130.

（13）*Ibid.*, p. 130.

（14）*Ibid.*, pp. 140-141.

（15）いまの引用文に「全てが同時に」という言葉があった。この言葉に関してメルロ＝ポンティは、同様の表現を、ラテン語（totum simul, Cf. NC56, VI273）とギリシャ語（omou en panta, Cf. S226, VI270）でもおこなうが、その出典を明らかにしていない。篠憲二はラテン語表記の出典についてトマス・アクィナス、ボエティウスを、ギリシャ語表記についてはアナクサゴラスやパルメニデスを挙げているが、メルロ＝ポンティの表記に正確に符合する文献は不明とのことである（篠憲二『現象学の系譜』〔Phaenomenologica〕、世界書院、一九九六年、一五六—一五七ページ）。

Merleau-Ponty, *Notes de cours 1959-1961* の邦訳の翻訳者（該当箇所の担当は加國尚志）はここに訳注をつけ、「ポエティウスの言葉」（モーリス・メルロ＝ポンティ、ステファニー・メナセ編『コレージュ・ド・フランス講義草稿――1959－1961』松葉祥一／廣瀬浩司／加國尚志訳、みすず書房、二〇一九年、五七ページ）としている。『見えるものと見えないもの』の法政大学出版局版の翻訳者は、これをアナクサゴラスに由来するものとしている（M・メルロ＝ポンティ、クロード・ルフォール編『見えるものと見えざるもの』中島盛夫監訳、伊藤泰雄／岩見徳夫／重野豊隆訳〔叢書・ウニベルシタス〕、法政大学出版局、一九九四年、五四〇ページ）。

（16）ここで扱われるテクストは、『見えるものと見えないもの』と、コレージュ・ド・フランスでの一九五九年から六〇年にかけての講義「自然とロゴス」のノートである。『見えるものと見えないもの』は、メルロ＝ポンティの晩年の草稿と、それに関連する多くの研究ノートからなる。編集にあたったクロード・ルフォールによれば、メルロ＝ポンティはこの草稿を著作にまとめることを念頭に置き、何度もその計画表を書きなおしていた（VI9-11）。草稿の冒頭に最初の計画表が記されていて、そこには「一九五九年三月」の日付がある（VI10）。また、この著作に収録された研究ノートの最初の日付は「一九五九年一月」（VI219）である。そして、最後に記された計画表について、ルフォールは六〇年十一月あるいは十二月のものだろうと推測している（VI11）。草稿は全部で百五十ページあり、そのうちの一〇三ページ目に「一九五九年十一月」の日付がある（VI9）。メルロ＝ポンティは六一年五月に亡くなっていて、この間に百五十ページまで書き進められた。「自然とロゴス」講義は五九年秋から六〇年夏にかけてのものだから、この講義は『見えるものと見えないもの』の草稿執筆中におこなわれたことになる。したがって、『見えるものと見えないもの』の草稿、ノートと「自然とロゴス」講義のための草稿は同じ時期に属するものと考えていい。

（17）メルロ＝ポンティは「〈存在〉の、いわば、これらの〈存在〉、〈自然〉、人間があり、互いのうちにあるようにするものこの概念」（N275）とも言っている。

（18）本書では詳しく論じる余裕はないが、この「物理―化学」的なもの、生命、人間の三者の関係という点で、この講義は、「物理的」「生命的」「人間的」の三秩序の段階的発生を論じる『行動の構造』の議論をやりなおそうとしたものだと言うことができる。この問題について詳しくは加國尚志『自然の現象学――メルロ＝ポンティと自然の哲学』（晃洋書房、二〇〇二年）を参照。

（19）肉という語そのものは、これ以前のメルロ＝ポンティの著作にも現れる。例えば一九五四年から五五年にかけての受動性に関する講義にも何度か登場する。しかし、そこで「われわれの肉」（IP253）と言われるものは、身体と言い換えることが可能なものにとどまっている。本節で論じる意味での肉の原型は、五六年度の「自然」講義のフッサール論に見られる。そこで彼は「私は私の身体に住みつき、それをとおして諸物に住みついている。かくして物は、私の身体の肉的統一の一契機として、その作用のうちにはめ込まれたものとして私に現れる」（N107）と言っている。つまり、身体の運動や知覚は純粋な「私」が身体や事物を対象とするのではなく、諸物の間にある身体において知覚が生じるということである。また彼は「物は私の身体の部分をなす」（N108）とも言っている。こうした議論が正面から扱われて十全な展開を見るのは、本書で扱っている講義や草稿が書かれた五九年以降のことである。

（20）一九五九年度の講義「自然とロゴス」でメルロ＝ポンティは、「眼はその全てが外的合目的性であり、不在のもののため、未来の視覚のために作られている（胎児）」（N271）と言っている。

（21）Descartes, "La dioptrique," p. 141. メルロ＝ポンティは何度もこの文章に批判的に言及している。Cf. SC207, N131 et 271.

（22）メルロ＝ポンティは、「したがって（略）、彼〔見る者：引用者注〕が行使する視覚、それを彼は物の側からも被るのであり、数多くの画家が言ったように、私は自分が物に見つめられているように感じるのである」（VI183）と言う。そこで画家と言われているうちの一人であるアンドレ・マルシャンの言葉を、メルロ＝ポンティは「眼と精神」で紹介している。それは、「森のなかで、私は何度も、森を見つめているのは私ではないと感じた。何日かは私を見つめ、私に話しかけているのは木々だと感じた…」（OE31）というものである。このマルシャンの言葉は Georges Charbonnier, *Le monologue du peintre*, G. Durier, [R. Julliard, 1959] 1980, pp. 153-155 にある。

ここでのメルロ＝ポンティの議論をまなざしに関する思想史のなかに位置づけることもできるだろう。ベンヤミンは、そのボードレール論で、まなざしとアウラを結び付ける。「だがまなざしには、自分が見つめるものから見つめ返されたいという期待が内在するのである。この期待（略）がみたされるとき、まなざしには充実したアウラの経験が与えられる」（ヴァルター・ベンヤミン「ボードレールにおけるいくつかのモティーフについて」『ベンヤミン・コレクション1 近代の意味』浅井健二郎編訳、久保哲司訳〔ちくま学芸文庫〕、筑摩書房、一九九五年、四七〇ページ)。このように、ベンヤミンのアウラ概念には、まなざしの相互性という面がある。ベンヤミンはこれを、ヴァレリーが夢に関しておこなう「私に見えるものたちには、私にそれらが見えるのと同程度に、私が見える」という記述に結び付け(同論文四七一―四七二ページ)、さらに、ボードレールの詩「照応」の、「その中を歩む人間は、象徴の森を過り、／森は、親しいまなざしで人間を見まもる」という詩句を引用する(同論文四七二ページ)。ベンヤミンが指摘する思想の系譜に、マルシャンの言葉を引用するメルロ゠ポンティを加えることができるだろう。

とはいえ、メルロ゠ポンティが人間でも動物でもないものにも視覚を認めているとまでは言えない。というのも、この直前で、メルロ゠ポンティは、画家の身ぶりや、それによって描かれる線は、画家にとって「星座の模様のように物そのものから生じるように思われる」(OE31)と言っているからである。彼は一九四五年の「映画と新しい心理学」で、すでに星座をゲシュタルトとして捉える観点を示している。「眼と精神」でも同様に星座の模様がゲシュタルトとして考えられているとすれば、ここでメルロ゠ポンティが言っているのは、本書第５章第４節「〈存在〉における志向性」で論じる、物の側の志向性の問題だと考えられる。そこでの議論を先取りして言えば、木が人を見るというのは、物の側での「促し」や「志向性」のことだろう。その点で言えば、このような「促し」が『知覚の現象学』ですでに論じられていた以上、肉に関する議論はメルロ゠ポンティの初期以来の思想の発展として捉えられる。

(23) 加國尚志は、「研究ノートを見るだけではいかにも神秘的に見えそうな「肉」の概念も、「自然とロゴス」講義の文脈では、生命の次元から、感覚する人間の身体の出現を考察する際の鍵概念と考えられていることがわかる」と述べている(前掲『自然の現象学』二一四ページ)。

(24) メルロ゠ポンティは「作用因的類似によって」「存在の視覚への変身」が生じると述べる(OE28)。また彼は「物が画家のうちに移ってくる」(OE28)とも言う。ここでメルロ゠ポンティは、中世から近世にかけて思想の領域で用いられた「志向的形象」の概念を念頭に置いているはずである。デカルトの思想と中世思想との連関について研究をおこなったエチエンヌ・ジルソンによれば、デカルトはユスタッシュ・ド・サン・ポールが一六〇九年に刊行した『哲学大全』を読み、そこでこの「志向的形象」の概念を知った(Étienne Gilson, *Index scolastico-cartésien*, 2ème éd., J. Vrin, 1979, p. 98.)。そこには次のように書かれている。「実際、諸感官にさらされた物の、ある種の形相的な記号、あるいは対象から放たれ、感官において受け入れられ、対象そのものを思い出させる力をもつが、自らは感官によって認知しえない性質が、ここで志向的形象と呼ばれているのである」(Eustachio a Sancto Paulo, *Summa philosophiae quadripartita: De rebus dialecticis, moralibus, physicis et metaphysicis*, t. II, Carolus Chastellain, 1609, p. 340.)。ここで問題になっているのは、感覚的事物を知性がどのようにして認識できるかということである。事物から発した志向的形象は感覚器官で受容され、これが人間の知性において、事物と類似したものとして認識されるに至る。メルロ＝ポンティが志向的形象の概念を持ち出すのは、デカルトに対して、ともに肉である知覚者と知覚されるものとの、同質のもの同士の、反響としての類似によって知覚が生じることを強調するためだと考えられる。メルロ＝ポンティは「デカルト的存在論と今日の存在論」で、同じ議論をエイドーラの概念を用いておこなっている(NC177)。ジルソンは「志向的形象」をトマス・アクィナスの「可知的形象」の思想の延長上にあるものとして考えているが、フェルディナン・アルキエ、山田弘明は、これをトマス・アクィナスよりもむしろデモクリトスのエイドーラに関連づける(Cf. Étienne Gilson, *Études sur le rôle de la pensée médiévale dans la formation du système cartésien*, J. Vrin, 1930, p. 25, René Descartes, *Œuvres philosophiques de Descartes*, Ferdinand Alquié (éd.), t. 1, Garnier Frères, 1963, pp. 655-656, note 2、山田弘明『デカルト『省察』の研究』創文社、一九九四年、一九〇ページ)。トマス・アクィナスの「可知的形象」については稲垣良典『抽象と直観――中世後期認識理論の研究』(創文社、一九九〇年)を参照。

(25) ここで弁別的という場合にメルロ＝ポンティはフェルディナン・ド・ソシュールの言語論を念頭に置いている。記号がほかの記号との関係のなかではじめてその意味をもつように、個々の知覚はほかの知覚との関係のうちでその知覚として成立する。ソシュールにおける示差性の原理についての言及は、「間接的言語と沈黙の声」の言語論でおこなわれている。加賀野井秀一は晩年のメルロ＝ポンティが、知覚やゲシュタルトを記号の示差性の原理から捉えなおしていることを指摘している(加賀野井秀一『メルロ＝ポンティと言語』〔Phaenomenologica〕、世界書院、一九八八年、二四四―二四五ページ)。

(26) いまの引用は「だがそれは想像的能力でもあり」と書き出されている。この前の部分でメルロ＝ポンティは、デカルトの「屈折光学」が平面遠近法を視覚のモデルとするのに対して、レオナルド・ダ・ヴィンチを引き合いに出す。「視覚は投影とは全く別のもの[である]。:それは変形ではなく、固定された視点ではない。視覚はあらゆるところからもなされるのである。視覚は外に―立つことであり、視覚は「自然的視覚」である――（球面の、レオナルド）」（NC174）。視覚は投影でも変形でもないというのは、「屈折光学」の、脳のなかの絵において円や四角形が楕円やひし形に変形されるという部分を念頭に置いている。実際、同じ講義の後の部分でもメルロ＝ポンティは「円に対する楕円、正方形に対するひし形」（NC179）と言いながら、「屈折光学」の、思考による記号の解読としての視覚論を批判する。ここで「自然的」「球面の」、と言われているのは、レオナルド・ダ・ヴィンチの次のような遠近法論を念頭に置いたものである。「自然的遠近法は次のように言う。同じ等級のもろもろの物のうちでもっとも遠いものは小さく示され、また逆に、もっとも近いものは大きく示される」（メルロ＝ポンティが依拠したフランス語訳をもとに訳出した。Léonard de Vinci, *Léonard de Vinci: Traité de la peinture*, André Chastel (traduit et reconstruit pour la premiére fois à partir de tous les manuscrits par), Club des libraires de France, 1960, p. 106. なお Leonardo da Vinci, *The Literary Works of Leonardo da Vinci*, Vol. 1, Jean Paul Richter (compiled and edited from the original manuscripts by), 3rd ed., Phaidon, 1970, p. 160 のイタリア語原文も参照した）。レオナルド・ダ・ヴィンチは、自然的遠近法と人工的遠近法の組み合わせについて、図を用いて説明する（図４）。ｄｅの面のうち、両端は眼から遠いので、面の広さが縮小されて見える。これがこの図で自然的遠近法と言われるものである。これをレオナルド・ダ・ヴィンチは人工的遠近法と対比させる。円ａ、円ｃは、実際には円ｂと同じ大きさで、かつ円ｂよりも遠いところにあるのだから、円ｂよりも小さく見えなければならないのに、ｄｅの面は平面であるために、円ｂの投影面の面積よりも、円ａ、円ｃの投影面積のほうが大きくなってしまう。実際には観客の眼はｈの場所に想定されているので、自然的遠近法による投影面ｄｅの縮小によって、投影面積の差異は相殺されるが、しかしそのためには、眼はｈに固定されなければならない。こうした投影面における投影面積のずれの問題を解消するためには単純遠近法を用いなければならない。「単純遠近法とは、その全ての部分に関して眼から等しく離れている場所のうえに人工的に作り出されたものである」（Léonard de Vinci, *Léonard de Vinci*, p. 105, Leonardo da Vinci, *The Literary Works of Leonardo da Vinci*, Vol. 1, p. 153.）。単純遠近法では、投影面が眼に対して湾曲し、そのどの点も眼から等距離になっている。このようにすれば、円ａと円ｃは円ｂよりも遠くにあるということが、投影面上に比例的に反映し、円ａと円ｃの投影面積は円ｂのそれよりも小さくなる。この場合には、前記の例のように、ｈの場所に視点を固定する必要はなく、そ

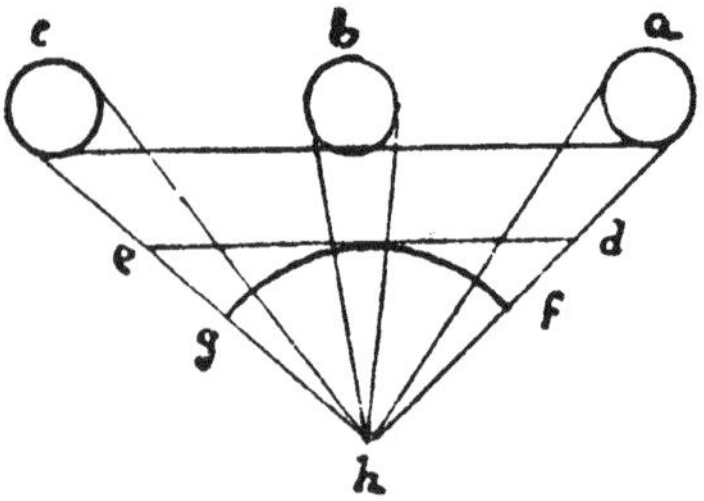

図4　レオナルド・ダ・ヴィンチによる遠近法の説明図
(出　典：Leonardo da Vinci, *The Literary Works of Leonardo da Vinci*, Vol. 1, Jean Paul Richter〔compiled and edited from the original manuscripts by〕, 3rd ed., Phaidon, 1970, p. 159.)

れよりずれた位置から投影面を見ても、対象の投影面積は、その距離に見合った大きさで見えるとレオナルド・ダ・ヴィンチは言うのである。そして、この項目にシャステルは「球面遠近法」(Léonard de Vinci, *Léonard de Vinci*, p. 105.) という見出しをつけている。前記の引用でメルロ＝ポンティが「固定された視点ではない。視覚はあらゆるところからもなされる」と言っているのはこのことを指している。だがこのことをメルロ＝ポンティが指摘するのは、ただデカルトの視覚論とそれが例に挙げる銅版画、そしてそこに見られる平面への投影についての議論が真理を示すものではないことを示すためであって、球面遠近法といえども投影であることに変わりはない。球面遠近法によって解消するのは形のゆがみの問題にすぎない。したがって、遠近法の種類の選択によって問題が解決するわけではないのである。

(27) Léonard de Vinci, *Léonard de Vinci*, p. 38. なお、この文章のイタリア語原文は Claire J. Farago, *Leonardo da Vinci's Paragone: A Critical Interpretation with a New Edition of the Text in the Codex Urbinas*, Brill, 1992, pp. 198-200 を参照した。
(28) シャステルによる訳注 (Léonard de Vinci, *Léonard de Vinci*, p. 209) を参照。
(29) *Ibid.*, p. 209.
(30) Cf. *Ibid.*, p. 36.
(31) *Ibid.*, p. 205, Leonardo da Vinci, *The Literary Works of Leonardo da Vinci*, Vol. 1, pp. 311-312.
(32) レオナルド・ダ・ヴィンチのこうした議論は、「手をかけていない作品 (componimento inculto)」(Léonard de Vinci, *Léonard de Vinci*, p. 205) についてのものである。それは、形象を描くときは、雲や壁の染みがそれら自体は完成とは程遠いのに、運動とかほかの諸効果を生み出しうるように、大雑把な描き方をしなければならないという場面である。これについてシャステルは、「夢」(*Ibid.*, p. 192.) とか、「覚めながら見る夢」(*Ibid.*, p. 227.) と言う。おそらくこれを参考にしてメルロ＝ポンティは、componimento inculto を「夢幻状態（onirisme）」（NC175）としての現実の知覚に結び付けている。こうした夢のようなあり方をする知覚において、先に触れた画家マルシャンの、森に見つめられているという実感も生じる。ヴァレリーは夢におけるまなざしの相互性を認めていたが、メルロ＝ポンティは現実の知覚が夢のようだと言うことで、現実の知覚におけるまなざしの相互性を語るのである。

（33）『知覚の現象学』で想像的なものの位置は限定的なものであって、それは知覚とは別の意識の様態として触れられている。「というのも、私が「夢」と「現実」について語り、想像的なものと現実的なものの区別についてあれこれ考え、「現実的な」ものを疑うことができるのは、この区別が分析以前にすでに私によってなされているからであり、私が現実的なものならびに想像的なものについての経験をもっているからである（略）」（PP, XI）。これに対して、一九五四年から五五年にかけての講義では議論の変化が見られる。「われわれの現実生活は、それが諸存在に向けられるものであるかぎりで、すでに想像的である。（略）したがって覚醒の夢幻状態（onirisme）がある」（IP194）。ここでは、メルロ＝ポンティは、現実生活が想像的なものであると言っている。これは『知覚の現象学』の、想像的なものと知覚とを截然と区別していた立場とは異なっている。ほかにも彼は次のように言っている。「目が覚めているときのわれわれの、諸物や他者との関係は、常に夢のような性格のものである。つまり、他者はわれわれに対し、夢や神話のように現前しているのであり、現実的なものと想像的なものとの区分を疑うにはこのことで十分である」（RC69）。このように、現実の知覚が夢のようなあり方をするというのは、『知覚の現象学』には見られなかった視点である。現実の赤い服の知覚が想像的なものに関わる、という『見えるものと見えないもの』の議論は、これらの五〇年代前半の講義に端を発している。

（34）メルロ＝ポンティは、「過去を守護するものとしてのプルースト的な身体性」（VI297）と言っている。記憶が身体によって保存されるという考えは『知覚の現象学』にもある。「記憶が、過去の構成的意識ではなく、現在のうちに含まれた暗示をもとに時間を再び開く努力であり、また身体が、「態度をとること」の、そしてそのようにして擬似現在を構築するためのわれわれの恒常的な手段として、われわれの時間ならびに空間との交流の媒体であるのでなければ、記憶における身体の役割は理解されない」（PP211）。ここで彼は、記憶がよみがえるのは意識のはたらきによるのではなく、身体のはたらきによるのだと言っている。身体は、世界内にあることによって、主体にとって時間と空間があることの媒体となっていて、その点で、記憶も身体がある態度をとることによってよみがえる。メルロ＝ポンティはこの文章に注をつけ、プルーストの次の文章を引用している。「それでもやはり、そのように目覚めるとき、私の精神は私がどこにいるのか知ろうとして活動して結局わからず、全てのもの、様々な物や土地、年が暗闇のなかで私の周りを回っているのであった。私の身体は、動くこともできないほどぐったりしているのだが、その疲労の形態によって、その肢体の位置を割り出し、そこから壁の方向、家具の位置を導き出し、それがそこで位置している住居を再構築し、名指そうとするのであった。その記憶、その脇腹や膝、肩の記憶が身体にそれが眠った数多くの部屋を順々に示し、その周囲では、見えない壁が、想像された部屋の形に従って位置を変えながら、暗闇のなかで渦を巻いているのであった。（略）身体、それを下にして私の休んでいる脇腹は、私の精神が決して忘れるはずもなかったであろうある過去の忠実な保管者だが、（略）遠い日々の、コンブレーの祖父母の家にあった私の寝室の、ボヘミアグラスの、水がめの形をして天井から鎖で吊り下げられた常夜灯の炎や、シエナの大理石でできた暖炉を私に思い出させるのであった。この日々をいまこのときには正確に思い描くことはないが、現実的なもののように思うのであった」（Marcel Proust, *À la recherche du temps perdu*, I, Pierre Clarac et André Ferré (texte établi et présenté par), Bibliothèque de la Pléiade, Gallimard, 1954, p. 6.）。これは『失われた時を求めて』の冒頭に近い部分で、語り手が過去を回想する場面である。語り手は目覚めの瞬間に自分がどのような状況にあるのかわからない。身体の各部分がかつてとった姿勢には、その姿勢をとったときの周囲の状況が対応していて、ある姿勢をとると、かつてその姿勢をとったときの記憶がよみがえる。そうした姿勢を次々にとることによって、それぞれの姿勢に対応した過去がよみがえる。その点で身体は過去の保管者である。

（35）Sigmund Freud, "Aus der Geschichte einer infantilen Neurose," in *Gesammelte Schriften*, Bd. VIII, Internationaler Psychoanalytischer Verlag, 1924, S. 532-534.

（36）メルロ＝ポンティは一九六〇年三月のノートでもこの概念に触れている。そこでは「黄色のしまをもった蝶」が隠蔽記憶であり、そこに隠されているのは、梨や、その記憶をもつ患者の面倒を見ていた女性の記憶である（VI293-294）。

（37）隠蔽記憶についてメルロ＝ポンティは「世界の輻」（VI293）とも言い、それを奥行きと結び付ける。「それ〔世界の幅：引用者注〕はまなざしである。そこではそれら〔論理的に可能なもの：引用者注〕はみな同時的であり、私の私はできるの産物である――それは奥行きの視覚そのものである――世界の幅はノエマ―ノエシス的分析を受け付けない」（VI295）。「輻」とは放射状に広がるもののことだが、前記の隠蔽記憶の例とあわせて考えると、これは、意識の介在によらずに、過去の様々な記憶と眼前のものとがまなざしに対して垂直に重なり合って知覚が成立し、それら過去のものはまなざしに対して奥行きをなすということである。

(38) ベルクソンは『思想と動くもの』のなかで「破壊されえない過去」という言葉を使っている（Bergson, *Œuvres*, p. 1315.)。ドゥルーズはメルロ＝ポンティが編集した哲学史論集に含まれたベルクソン論で、現在と過去の同時性についての議論をおこなっている（Gilles Deleuze, "Bergson 1859-1941," in Merleau-Ponty (publié sous la direction de), *Les philosophes célèbres*, L. Mazenod, 1956, pp. 292-299.)。メルロ＝ポンティが晩年の議論で同時性を論じるときに、このドゥルーズの論文も念頭にあった可能性はある。なおドゥルーズはほかの箇所でも「破壊されえない過去」という言葉を含むベルクソンの文章を引用している（ジル・ドゥルーズ『ベルクソンの哲学』宇波彰訳〔叢書・ウニベルシタス〕、法政大学出版局、一九七四年、五五ページ）。

(39) Gottfried Wilhelm Leibniz, "Discours de métaphysique," in Carl Immanuel Gerhardt (hrsg.), *Die philosophischen Schriften von Gottfried Wilhelm Leibniz*, Bd. IV, G. Olms, 1960, S. 434.

(40) Gottfried Wilhelm Leibniz, *La monadologie: publiée d'après les manuscrits et accompagnée d'éclaircissements par Emile Boutroux, suivie d'une note sur les principes de la mécanique dans Descartes et dans Leibniz par Henri Poincaré*, 9ème éd. Delagrave, n. d, p. 173.

(41) 本章で述べたように、メルロ＝ポンティは、知覚されるもの、知覚するもの、絵画の間に類似関係を考える。また先に、メルロ＝ポンティが現実の知覚を夢的なものとして考えていることを指摘した。そこから彼は、現実を「アナロジーの夢的（onirique）世界」（OE41）とも言うことになる。本章注（22）のまなざしの例とともに、アナロジーについても、メルロ＝ポンティに至る思想の系譜をたどることができるだろう。ボードレールは次のように言っていた。「〈想像力〉とは、まず第一に、哲学的諸方法の外にあって、事物の内面的でひそかな関係を、照応《コンスポンダンス》と類縁関係《アナロジー》を感知する、神々しいと言ってもいいような能力だ」（シャルル・ボードレール「エドガー・ポーに関する新たな覚書」『ボードレール批評』第三巻、阿部良雄訳〔ちくま学芸文庫〕、筑摩書房、一九九九年、一四五ページ）。ロマン主義的世界観の「アナロジー」と、ボードレール以降のその世界観の崩壊については、Yves Vadé, *L'enchantement littéraire: Écriture et magie de Chateaubriand à Rimbaud*, Gallimard, 1990, pp. 400-428 を参照。

メルロ＝ポンティには、ロマン主義者らに好まれた概念がほかにも見られる。プルーストは登場人物の画家エルスチールの作品について、「それぞれの魅力は、描かれた物の、詩において隠喩と呼ばれるものに似た、一種のメタモルフォーズにある」（Proust, *À la recherche du temps perdu*, I, p. 835.）と述べ、例えば「エルスチールが――カルクチュイの港を描いたタブロー、彼がほんの数日前に仕上げ、私が長いこと眺めたタブローにおいて――、小さな町に対しては海の用語しか、海に対しては都会の用語しか用いずに、見る者の精神を導いていたのは、この種の隠喩へとなのである」（*Ibid.*, p. 836.）と言う。プルースト研究者のアンヌ・アンリは、ここにロマン主義者としてのプルースト像を見て取っている（Anne Henry, *Proust romancier: le tombeau egyptien*, Flammarion, 1983, p. 311.）。湯沢英彦はこうしたロマン主義者プルーストというアンリの見方に異議を唱えるが（湯沢英彦『プルースト的冒険――偶然・反復・倒錯』水声社、二〇〇一年、二〇七―二四九ページ。なお、この注でのプルーストやロマン主義についての文献情報はこの書に教えられた）、検討の余地はある。メルロ＝ポンティは一九五三年度の講義では、エルスチールの作品は「ある海の風景の隠喩的諸照応」を表したものだと言った（RC39-40）。そして晩年の講義で彼は、「われわれの習慣などが分離してしまうものの関連づけである隠喩」（NC202）と言っている。また、「感覚的世界はヒエログリフであり、作家の言葉はこれらの物―言葉の征服であり、それらの言わんとすることを征服、獲得すること」（NC196、またNC203にも言及がある）と言う。ロマン主義の芸術思想におけるヒエログリフについては、小田部胤久「「黙する自然」の語るとき、あるいは、「語る自然」の黙するとき――ロマン主義的芸術観とシェリング」（理想社編「理想」第六百七十四号、理想社、二〇〇五年）を参照。哲学の文脈よりも、芸術、とりわけ文学史のなかにメルロ＝ポンティを置くと、彼のロマン主義者の末裔としての側面が見えてくる。

（42）Richir, *op.cit.*, pp. 37-38.

（43）*Ibid.*, p. 41.

（44）*Ibid.*, p. 38.

第5章　〈存在〉の概念と奥行き、同時性

前章ではメルロ＝ポンティの肉の概念と、そこでの知覚のありようについての議論を扱い、またその議論では奥行きと同時性の概念が重要な役割を果たしていることを検討した。本章では、その過程で先延ばしにしていた〈存在〉の概念の検討をおこなう。肉と〈存在〉の関係はどのようなものか、そして、奥行き、同時性は〈存在〉との関係でどのような位置をもっているのか。その問題の解明への手がかりとなるのは理念の概念である。本章ではまず、プルーストの小説における理念、奥行きの問題との関係でメルロ＝ポンティの知覚論を検討したのち、彼の〈存在〉概念がどのようなものであるのかを明らかにし、さらにそこで奥行き、同時性がどのような意味をもっているのかという問題を論じていく。そして最後に、彼の〈存在〉論がその初期の思想との関係でもつ意義を明らかにする。

1　知覚における理念

前章で論じた、ほかの知覚経験との対比で現在眼前にあるものがそれとして知覚されるというメルロ＝ポンティの議論は、プルーストの『失われた時を求めて』を背景にもち、それを介して〈存在〉の概念に関わっている。本節では、プルーストの議論とメルロ＝ポンティのそれとの関係を見ていく。

メルロ＝ポンティは、『見えるものと見えないもの』の「キアスム――絡み合い」と題した章で、次のように述べている。

見えるものと見えないものの諸関係の確定において、また感覚的なものの反対物ではなく、その裏地であり奥行きである理念の記述において、プルースト以上に遠くまでいった者はいない。(VI195)

『見えるものと見えないもの』の「直観と問いかけ」の章でメルロ＝ポンティは、フッサールの本質直観の概念を取り上げながら、知性、意識だけで捉えられる本質、理念といった考え方を批判する。そして、「キアスム――絡み合い」の章で彼は、肉の概念を仕上げたうえで、理念というものをどのように考えるかという問題に向かう。(1)プルーストへの言及は、肉についての議論をひととおり終えて、そこから理念の問題に向かう部分に位置している。メルロ＝ポンティは、肉と理念の関係の問題をプルーストを導きの糸として論じようとしているのである。そしてメルロ＝ポンティは、その理念を、ここで奥行きと呼んでいる。それらの関係はどのようになっているのだろうか。メルロ＝ポンティは、前記の引用にすぐ続けて次のように言っている。

というのも、彼〔プルースト：引用者注〕が、音楽的理念について述べること、それを彼は、『クレーヴの奥方』や『ルネ』のようなあらゆる文化的産物について、そしてまた「小さなフレーズ」がスワンに対して現前させるばかりでなく、それを聞く人の全て、たとえ彼らの気づかぬうちにであり、また彼らが、自分たちがその証人でしかないもろもろの恋愛のうちにそれを認めることができないとしても、その彼ら全てに伝達可能にする愛の本質についても言うのであり、また彼はそれを、音楽そのもののように「比類がない」「光や音、起伏、肉体的快楽の概念、われわれの内的領域がそれらによって多様化し、飾られるそうした概念」であるほかの多くの概念についても一般的に言うのである。(VI195-196)

「小さなフレーズ」は、『失われた時を求めて』の登場人物の一人である作曲家ヴァントゥイユによるソナタの一節である。まず、プルーストが該当する箇所でどのように書いているのかを確認しよう。

彼〔ヴァントゥイユ：引用者注〕の小さなフレーズには、それが理性には曖昧な面を示していたとしても、非常にしっかりした、明白な内容を感じることができ、この内容に、小さなフレーズは非常に新しく、独創的な力を与えていたので、この小さなフレーズを聞いた人は、それを自分たちのうちに、知性の諸理念と対等の立場でとっておくほどであった。スワンはこの小さなフレーズに、愛や幸福の概念に立ち返るように立ち返っていた。この概念について彼は、それがどのような点で特別なのか知っていたが、それは、『クレーヴの奥方』や『ルネ』という名前が彼の記憶に示されるときにそのことを知っているのと同様だった。彼が小さなフレーズのことを考えていないときでさえも、それは彼の精神のうちに、われわれの内的領域がそれらによって多様化し、飾られる豊かな所有物であるところの光や音、起伏、肉体的快楽の概念のような、比類がないほかの概念と同じ資格で、潜在していたのである。われわれが無に帰するなら、それらの概念は失われ、消え去るだろう。だがわれわれが生きているかぎり、われわれは、それらを知らなかったことにはできないのであって、それはわれわれが何かの現実的対象を知らなかったことにできないのと同様である(2)(略)。

登場人物のスワンは、初めてこのヴァントゥイユのソナタを聞いたときにすでにその魅力に取りつかれていたのであったが、次にこの曲を恋人のオデットとともに聞いてからは、この曲を自分たちの愛の証人のように考えていた。彼はオデットと不仲になってからは努めてこの曲を聞かないようにしていたが、ある夜会でついに聞くことになってしまう。これはその場面である。ここでプルーストが言っていることを詳しく見てみよう。小説には、このソナタに関して次のように書いてある。

スワンは、音楽のもろもろのモチーフを、別の世界、別の領域に属するもろもろの真の理念、暗闇に覆われ、人知れず、知性には浸透できない、だがそれでもやはり互いに完全に区別され、価値も意味も互いに異なる理念と見なしていた(3)。

音楽家が用いる鍵盤は、「それ〔鍵盤:引用者注〕を構成する、分厚い未踏の闇によって互いに隔てられた、優しさ、情熱、勇気、穏やかさといった何百万もの鍵(4)」でできていて、そのいくつかが偉大な芸術家によって発見される。そして、それらが「非常にしっかりした、明白な内容(5)」をもっているとスワンは考える。スワンが、小さなフレーズには「素晴らしい理念が込められている(6)」と考えるのも、こうしたことによる。このソナタは、かつてオデットとの交際が順調だったときには、恋のもろさをスワンに語りかけているように聞こえたのだが(7)、いまは、その恋のもろさからくる苦悩のむなしさを語っているようだった。そのときスワンは、「内心の悲しみのこれらの魅力、それ〔小さなフレーズ:引用者注〕が模倣し、再創造しようと試みていたのはこの魅力であった。そしてそれらの魅力の本質、それはその魅力を感じている者以外には伝達できず、取るに足りないように見えるということなのだが、この本質までをも、小さなフレーズは捉え、見えるようにしていた(8)」と考える。音楽のモチーフは理念であるというスワンの考えは、この、小さなフレーズが「内心の悲しみのこれらの魅力」、その「魅力の本質」を伝えようとしているという考えにすぐ続けて語られるのだから、その理念の内実は、この愛の「悲しみ」の「魅力」、その「本質」であると考えられる。前記のプルーストからの引用で、「スワンはこの小さなフレーズに、愛や幸福の概念に立ち返るように立ち返っていた」とあるのは、「これらの悲しみについて、（略）かつて彼の幸福について語っていたように、それ〔小さなフレーズ：引用者注〕が、彼に語っているようであった」[9]とあるのに対応する。したがって「愛や幸福の概念」も、やはり「小さなフレーズ」が彼に語りかけるものなのである。

スワンは、こうした「小さなフレーズ」「愛や幸福の概念」に立ち返り、またその「概念」がラ・ファイエット夫人の『クレーヴの奥方』やフランソワ＝ルネ・ド・シャトーブリアンの『ルネ』という名前と同様に特別だと言うのだが、何が特別であるのかは引用文の後半で示されている。つまり、「小さなフレーズ」やそれが語る「愛や幸福の概念」、かつて読んだ『『クレーヴの奥方』や『ルネ』という名前」は、スワンの精神のうちに、それらのことを全く考えていないときでも潜在していたのである。そしてそれはまた、かつて見たり聞いたりした光や音などとも同様であって、「現実的対象」を一度知ってしまったら、それを「知らなかったことにできないのと同様」に、「それらを知らなかったことにはできない」。こうした点で、かつて聞いた「小さなフレーズ」やその語るところの「愛や幸福の概念」は、たとえスワンがそれらのことを考えていないときにも、なかったことにはできないのであり、そのことを、彼は「特別」だと言うのである。

メルロ＝ポンティは、芸術作品の理念について、その思想的キャリアを通して何度か論じている。ここでいったんそれを振り返っておくことは、「小さなフレーズ」についての議論を理解するうえで役に立つだろう。次の文章は『知覚の現象学』からのものである。

一枚のタブローあるいは音楽の小品においては、理念は色や音の展開による以外の仕方では伝えられえない。

セザンヌの作品の分析は、私が彼のタブローを見たことがないなら、私に数多くの可能なセザンヌの間での選択を委ねるが、唯一の存在するセザンヌを私に与えるのはタブローの知覚であり、様々な分析がそれらの十全な意味を得るのはこの知覚においてである。詩や小説も、それらが言葉でできていようとも、事情は別ではない。一編の詩は、散文に翻訳しうる第一の意味をもっているにせよ、読者の精神のうちで、それを詩として定義するような第二の生を送っていることはよく知られている。(PP176)

メルロ＝ポンティは「画家あるいは話す主体において、タブローやパロールはすでに作られた思想の説明ではなく、この思想そのものをわが物とすることなのである」(PP446)と言い、また絵画や演劇について、「表現作用は意味を実在させ、実現するのであって、単にそれを翻訳するのではない」(PP213)と言う。ここで彼が絵画や音楽について理念と言っているものは、「色や音の展開による以外の仕方では伝えられない」のだから、知覚されることによって見え、聞こえる、その見え方、聞こえ方のことである。それを散文的言語で語ることができるとしても、それは後からのことでしかない。つまり、あらかじめ言語化された理念を絵画や音楽を手段として表すのではなく、むしろ、絵画や音楽の、色や音の配置によって生じる意味が、作品の表すものとして後から言語化されるのである。

『知覚の現象学』と同年に発表された「映画と新しい心理学」では、メルロ＝ポンティは以下のように言っている。

ある身ぶりの意味がその身ぶりのうちに直接的に読み取りうるように、映画の意味はそのリズムのうちに合体させられているのであり、映画は自分自身以外の何も言おうとしない。理念はここでは生まれいずる状態に戻されているのであり、映画の意味は、映画の時間的構造それ自体から生じるのである、タブローにおいてはその諸部分の共存からであるように。すでに形作られ、獲得された諸理念へのほのめかしによってでは

なく、諸要素の時間的あるいは空間的配置によって何かが意味し始める仕方を示すのが芸術の幸福である。（SNS73）

「諸要素の時間的あるいは空間的配置によって何かが意味し始める」という部分に関して、メルロ＝ポンティはこの論文の冒頭で、ゲシュタルト心理学の成果を参照しながら、星座とそれを構成する星の関係にもなぞらえながら、「メロディは音響的な図である」（SNS62）と言い、「メロディはもろもろの音の総和ではない」のであって、音の比例関係や構造が「メロディの全体的な相貌」（SNS62）として現れると語っている。映画や絵画についても、事態は同様である。映画の時間的構造と、そこから生じるリズムそのものに感じられるものが映画の意味であり、絵画の諸部分の配置に感じられるものが絵画の意味である。後からそれを言語的に説明すれば理念ともなりうるという意味で、それらの意味は「生まれいずる状態」の理念と言われているのである。小説や詩の場合でも、小説であれば「人が言うことと黙っていることとの選択、様々な視点の選択、（略）語りの様々なテンポ」（SNS73）に腕の見せどころがあり、詩については「読者をある詩的状態に置くこと」（SNS73）が求められるのであり、どちらでも出来合いの理念を示すことは問題にならない。[10]

メルロ＝ポンティは「デカルト的存在論と今日の存在論」で、「これら諸理念は可知的太陽なしにあり、見える光に似ている」とし、それを「もろもろのひそかな本質」とも言ったうえで、「それら〔もろもろのひそかな本質：引用者注〕に対しての作家の言語は、「小さなフレーズ」そのものに対しての聞かれる音楽と同じだろう」（NC194）と言う。また彼は「芸術の諸理念：それは音楽だけではない：〈クレーヴの奥方〉、〈ルネ〉：作品の意味に対する作家の言語はヴァントゥイユの小さなフレーズに対する五つの音と同じであり、明るさに対する光、可視性に対する見えるものと同じである」（NC196）と言っている。ここでメルロ＝ポンティが小説家の言語と音楽について言っていることは、『知覚の現象学』や「映画と新しい心理学」での芸術作品の理念についての議論と変わらない。小説家の言語が目指すところは「映画と新しい心理学」の用語で言えば、「生まれいずる状態」の理念である。これに相当するのはヴァントゥイユのソナタの「小さなフレーズ」であり、それは五つの音の組み合わせによって一つのフレーズとして聞こえる。こうしたメルロ＝ポンティの、芸術作品における理念の理解は、プルーストのそれとはいくらか異なっている。ヴァントゥイユのソナタについてプルーストは、それが「知性には浸透できない」とか、「理性には不透明な面を見せる」などと言いながらも、それが愛における「内心の悲しみの魅力」を伝えるものであるとしている。しかし、メルロ＝ポンティがこのヴァントゥイユのソナタについて理念という場合には、それは、五つの音の組み合わせによって聞こえる一つの「小さなフレーズ」のことである。

メルロ＝ポンティは、プルーストが「音楽的理念」について述べていることをこのように理解したのだが、さらにメルロ＝ポンティは前記の引用で、「彼はそれを、音楽そのもののように「比類がない」「光や音、起伏、肉体的快楽の概念、われわれの内的領域がそれらによって多様化し、飾られるそうした概念」であるほかの多くの概念についても一般的に言うのである」（VI195）として、プルーストが愛の本質や光などの概念も音楽的理念と同様だと言っていることを重視している。それはなぜだろうか。その理由は、『見えるものと見えないもの』の次の文章に見られる。

最初の視覚、最初の接触、最初の快楽とともに参入（initiation）がある。いわば（略）もはや再び閉じられえないであろう、ある次元（dimension）の開けであり、それとの関係で、以後ほかのあらゆる経験が測られるであろうところの水準（niveau）の確立である。理念とは、この水準、この次元であり（略）、この世界の見えないもの、この世界に取りつき、この世界を支え（soutient）、この世界を見えるものにする見えないものであり、この世界の内的で固有の可能性（possibilité）であり、この存在者の〈存在〉である。（VI198）

この引用文はプルーストの「理念」を論じていく過程にある。したがって、「最初の視覚、最初の接触、最初の快楽」というのは、プルーストが言う「光や音、起伏、肉体的快楽の概念」という部分に対応する。メルロ＝ポンティは、これらを「参入（initiation）[11]」と言う。視覚、接触、快楽の最初の経験は参入であり、以後、ほかの経験はこの最初の経験との関係でその意味を得る。

これとよく似た文章が『見えるものと見えないもの』の別の箇所にある。

ありのままの一つの色や一般に一つの見えるものは、（略）この世界の一つの差異化、束の間の抑揚なのであって、したがって、色あるいは物というよりは、様々な物や様々な色の間の差異であり、色を帯びた存在あるいは可視性の瞬間的な結晶なのである。様々な色や、いわゆる見えるものの間には、それらを裏打ちし（double）、支え（soutient）、養う、そしてそれ自身は物ではなく、諸物の可能性（possibilité）、潜在性または肉であるところの生地が見いだされるだろう。（VI175）

これは、本書一一九ページで論じた赤い服の知覚に関する箇所に見られる文章である。ここで「差異化」と言われているのは、赤い服の赤さは、ほかの服の赤さとの関係でその赤として見られるということを指している。ほかと独立して、それ自体として単独に知覚される事物や性質はなく、何かが知覚されるときにはその知覚はほかの知覚経験との関係でだけ成立する。メルロ＝ポンティは、諸物を支える（soutient）ものであり、その可能性（possibilité）であるものとしての肉についてここで語っているが、それは前記の引用で彼が理念について言っていることと重なるものであることがわかる。つまり、ここで理念と言われているものは、かつておこなわれた知覚経験が残存し、現在の知覚がそれとの対比によっておこなわれるものである。本書一二二ページ、一二三ページに引用した二つの文章に見られた「背後」という言葉についても、「諸理念は感覚的なものの背後あるいはその中心に透けている」（VI197）と言われている。またさらに彼は、doubler という動詞に関しては、「光の理念あるいは音楽的理念は、下から光や色を裏打ちして（double）おり、その裏面、あるいは奥行きである」（VI197-

198）と言っているが、これも、右の引用で「肉であるところの生地」が「もろもろの色、もろもろの、いわゆる見えるもの」を「裏打ち（double）」（VI175）すると言っていたことに重なる。[12]本節冒頭に引用した「見えるものと見えないものの諸関係を見定めることにおいて、また感覚的なものの反対物ではなく、その裏地（doublure）であり奥行きである理念の記述において、プルースト以上に遠くまでいった者はいない」（VI195）というのは、こうした内容を指している。つまりメルロ＝ポンティは、プルーストの「光や音、起伏、肉体的快楽」が精神のうちに存続するという記述を、自らの知覚論のうちに取り込んでいるのである。過去の知覚経験は、もはや知覚されていないのであるから見えないものである。だが、その経験との関係で現在の知覚が成立するのであるから、見えないものが見えるものを支えているということになる。

奥行き、次元については、プルーストも『失われた時を求めて』で言及している。

だがそれによってさえも、そして今日の私がもつ諸印象のうち、それら〔メゼグリーズのほうとゲルマントのほう：引用者注〕が結び付きうるもののうちにそれらが残り続けていることによって、それらはそうした印象に基層、奥行き、ほかの印象よりも余分に多いある次元を与えている。それらはまたそうした印象に私のためだけのある魅力、ある意義を付け加えている。夏の夕暮れ、快い空が野獣のようにうなりだし、誰もが雷雨に不満顔のとき、私だけが、落ちる雨の音を通して、目に見えない、しつこいリラの香りを吸い込んで陶然としていられるのは、メゼグリーズのほうのおかげなのである。[13]

ここで現在の印象に結び付いているのは、語り手がまだ幼かった頃、メゼグリーズのほうへの散歩の道の途中に咲いていたリラのことである。当時の語り手は、夏に雨が降り、雷が鳴っても、翌日になれば再びリラの葉が陽光のなかで波打つことを確信していた。[14]語り手はここでそのことを思い出している。過去に見たリラの記憶と結び付くことによって、現在の雨が甘美なものに感じられる。過去の知覚は奥行き、次元として存続し、現在の知覚の形成に寄与している。メルロ＝ポンティは、「肉に無関係ではなく、肉にそのもろもろの軸、その奥行き、その諸次元を与える理念性をわれわれは認めなければならない」（VI199）と言っている。彼がこのように理念と奥行き、さらには次元を結び付けるのは、プルーストによるこうした用法をも念頭に置いていると考えられる。[15]理念についてのメルロ＝ポンティのこうした議論は、彼の以前の思想の流れを受けたものである。

建築術的な過去がある。参照、プルースト：真のサンザシは過去のサンザシである――この体験（Erlebnisse）なき、内面性なき生を回復すること（略）――それは実際、「記念碑的な」生、創設（Stiftung）、参入（l'initiation）である。（VI296）

ここでは創設（Stiftung）の語が、参入とともに知覚での次元となる過去の経験について用いられている。創設、参入は過去の経験のことを指している。そこで知覚されたものが理念となって残存する。本書一三九ページ後半に引用したプルーストの文章のうちに、「われわれが生きているかぎり、われわれは、それらを知らなかったことにはできない[16]」とあった。これは、メルロ＝ポンティが参照していた、デカルトの『省察』に見られる文章とほとんど同じである。[17]メルロ＝ポンティは「デカルト的存在論と今日の存在論」のプルースト論の部分で、プルーストのこの言葉を何度も繰り返している[18]（NC192, 194, 196）。メルロ＝ポンティは、プルーストを通じて、制度論の理論的枠組みを知覚に応用しているのである。

だが、このように理念を知覚の奥行きとして考えることは、ある矛盾を引き起こすように思われる。「デカルト的存在論と今日の存在論」でメルロ＝ポンティは、「それら〔もろもろのひそかな本質：引用者注〕に対しての作家の言語は、「小さなフレーズ」そのものに対しての聞かれる音楽と同じだろう」（NC194）と言い、また「芸術の理念」について「作品の意味に対する作家の言語はヴァントゥイユの小さなフレーズに対する五つの音と同じであり、明るさに対する光、可視性に対する見えるものと同じである」（NC196）と言っている。小説家が用いる言語に対して、作品の意味が理念である。それと同じ関係が、聞かれる音に対する「小さなフレーズ」、光に対する明るさ、見えるものに対する可視性に見られる。そこから筆者は、メルロ＝ポンティにとっては「小さなフレーズ」そのものが理念であると述べた。他方でこの関係は「可視性に対する見えるもの」についても同様に見られるのであり、ここでは可視性が理念にあたる。本書一四五ページでは、肉は可視性であり、肉であるところの身体に保存された過去の知覚経験が現在の見えるものをそれとして成立させ支えていることを論じた。ここでの「可視性に対する見えるもの」という対比はそのことを指している。そうだとすれば、見えるものがそれとして見えているのは、過去に見られ、いまは見えないものとしての理念に支えられているから、ということになる。だが、それはおかしくないだろうか。なぜなら「小さなフレーズ」は五つの音に対する理念であるとしても、しかし「小さなフレーズ」はそれとして聞こえているのであり、この関係を見えるものにもあてはめるとするならば、いま見えているものこそが理念だということになるからである。これは、一方で過去に知覚されたものが理念として残っていると言いながら、他方で現在見えているものが理念だということにならないだろうか。

だが、実際にはそこに矛盾はない。五つの音を聞いたときに聞こえているのは「小さなフレーズ」であり、それと同様に、何かがバラなりテーブルなりとして見えるとすれば、五つの音に相当するのがその何かであり、「小さなフレーズ」に相当するのがバラ、テーブルである。そしてこの何かがそれとして見えるところのバラ、テーブルが理念である。そして、なぜその何かがバラ、テーブルとして見えたかと言えば、過去に見られたバラ、テーブルという理念が見た者のうちに残り、その理念が、次に新たにそれに似たものを見たときに、それをバラ、テーブルという理念として見えさせたからである。この問題に関連して、次の文章も見てみよう。

現成する（west）もの（略）それはバラを貫き通して広がっているバラ性であり、ベルクソンが非常にまずく「イマージュ」と呼んでいたものである。（VI228）

メルロ＝ポンティは理念と本質を同義に用いているが、本質と言う場合にメルロ＝ポンティの念頭にあるのは、ハイデッガーである。west とはドイツ語で本質を意味する名詞 Wesen を、ハイデッガーが動詞として用いて、三人称単数現在形に活用したものであり、日本語では「現成する」と訳される。[19] それは、現実存在を離れた本質（Wesen）ではなく、何かがそれとしてあることを、動詞によって表したものである。メルロ＝ポンティがハイデッガーに倣って「テーブルの本質（*Wesen*）は（略）テーブルにおいて「テーブル化」するもの、テーブルがテーブルであるようにするもの」（VI229）と言う場合も、テーブルがテーブルとしての意味をもってそこにあることを指している。いまの引用ではバラがバラとしてあることである。バラがバラとしてあることは、何かがバラとして見えていることであり、「小さなフレーズ」が理念であるという言い方に倣えば、ここで理念にあたるのはバラである。そしてここで注目すべきは、メルロ＝ポンティがそれをさらにベルクソンのイマージュ概念に引き付けていることである。ベルクソンは『物質と記憶』で、知覚されるものをイマージュとしたが、それは現在の純粋知覚に過去の記憶が融合することによって生じる。[20] メルロ＝ポンティは、バラがバラとして見える、そのバラのことをイマージュと言い、それがハイデッガーの「動詞的本質」にあたるとしている。メルロ＝ポンティが知覚における理念について語るときに、このハイデッガーとベルクソンの両方が念頭にあるはずである。バラがバラとして見えることは、理念としての過去の知覚経験との関係で、眼前の何かが、このバラの理念を体現しているものとして見えるということなのである。

これまでに論じてきたように眼前にあるものがバラの理念を体現しているといっても、眼前にあるものの知覚と別に、例えば英知界に存在するものとしてこの理念を考えることはできない。プルーストはヴァントゥイユのソナタについて、先にも引用した箇所で、次のように書いている。「スワンは、音楽のもろもろのモチーフを、別の世界、別の領域に属するもろもろの真の理念、暗闇に覆われ、人知れず、知性には浸透できない、だがそれでもやはり互いに完全に区別され、価値も意味も互いに異なる理念と見なしていた」[21]。メルロ＝ポンティはこれについて、「この種の理念にとって、「暗闇に覆われ」、「見せかけのもとに」現れるのは本質的なことである」

（VI197）と言い、また次のようにも言う。

文学、音楽、諸情念、だがまた見える世界の経験も、ラヴォワジエやアンペールの科学に劣らず、ある見えないものの探求なのであり、そうした科学と同様に、諸理念の宇宙の露呈なのである。ただ、この見えないもの、これらの理念は、彼ら〔ラヴォワジエやアンペール：引用者注〕の理念のように感覚的外観から分離されて、第二の実定性に昇格させられはしないのである。（VI196）

「ラヴォワジエやアンペール」は、十八世紀から十九世紀にフランスの科学を代表していた人物だが、スワンはヴァントゥイユのソナタを聞きながら、この曲が「未知の力の隠れた法則[22]」の探求にあたって、これらの科学者にも匹敵する大胆さをもっていると言う。プルーストがスワンに言わせる言葉では、理念は「知性には浸透できない」とはいえ、「別の世界、別の領域に属する」となっているが、それについてメルロ＝ポンティが言うのは、理念という見えないものの探求という点で諸芸術や見える世界の経験は、そうした科学に匹敵するにしても、科学はその法則をそれ自体として取り出すことを使命とするのに対し、それら諸芸術や知覚経験では、理念と見える世界とを分離できないということである。

だが、なぜこのようにメルロ＝ポンティは理念を強調するのか。メルロ＝ポンティによるプルーストの記述への言及は、知覚のあり方についての議論のためばかりではない。本書一四一―一四三ページで芸術作品における理念についてのメルロ＝ポンティの議論を振り返ったが、そこで彼が理念と言っていたのは、芸術作品で知覚される意味が、後から言語によって記述されることを言うためであり、そのために彼は「生まれいずる状態」の理念と言っていたのである。知覚における理念についても、過去の知覚経験が見るもののうちで存続するということを言うだけであれば、それをあえて理念と呼ぶ必要はない。肉と言語の関係を論じるためにこそ、理念についての議論をおこなう必要がある。そこに、メルロ＝ポンティがプルーストを大きく取り上げる理由がある。メルロ＝ポンティは次のように言っている。

いかに、そのうえに、「知性の諸理念」が創立されるのか、いかに地平的理念性から「純粋な」理念性へと移っていくのか（略）は、確かにひとつの問題である。（VI200）

「地平的理念性」とは、過去の知覚経験を背景として現在の知覚が成立するということを指している。これに対し、「「純粋な」理念性」とは、知性によって操作しうる理念のことである。メルロ＝ポンティは『見えるものと見えないもの』の「キアスム」の章で、プルーストの理念論と、自らがそれまでにこの章で論じていた肉の問題とが重なり合う点をもっていることを示した。彼は、プルーストがそれを理念論として語っていることを捉え、またそこでプルーストが「知性の諸理念」に言及していることを捉えて、肉から「純粋」な理念へという自らの議論の移行、転換の、いわば転轍機としての役割をプルーストに担わせているのである。プルーストは、確かに「知性の諸理念」と同様に、音楽の理念、愛の本質、光や音の概念が、精神のうちに潜在していると述べているが、それは精神に潜在するかぎりでは両者は同様だということを述べているのであって、それらを連続的な関係に置いているわけではない。しかしメルロ＝ポンティは、むしろ両者を、知覚における理念から、「知性の諸理念」「「純粋な」理念性」への移行という連続的な関係で見ようとしているのである。

次の文章は、言語と、そこでの理念についてのメルロ＝ポンティの言及である。

私が考えるとき、それら〔諸理念：引用者注〕は、私の内的パロールを活気づけ、ちょうど「小さなフレーズ」がヴァイオリン奏者を所有するように、私の内的パロールに取りつき、「小さなフレーズ」が音のかなたにとどまるように語のかなたにとどまる。ただそれは別の太陽の下で、われわれには隠されて、それらが光り輝くからではなく、それらが、記号と記号の間のこのある隔たり、決して完成されないこの差異化、常にやりなおされるべきこの開けであるからであって、それはちょうど、先に述べたように、肉が、見るものの見えるものへの、そして見えるものの見るものへの裂開であるのと同様である。(VI201)

「小さなフレーズ」が音によって生じる理念であり、むしろ、「小さなフレーズ」が、演奏者に音を発することを要求するように、言語において理念は、語と語の組み合わせを要求し、かつ、その組み合わせから生じるものである。それをメルロ゠ポンティは肉になぞらえて説明する。彼は「純粋な理念性もそれ自身肉なしではないし、地平構造から解放されているわけではないのであり、問題になるのは別の肉、別の地平構造であるが、純粋な理念性もそれによって命を得ているのである」(VI200)と述べ、「言語のそれ〔肉:引用者注〕」(VI200)とも言う。そこでメルロ゠ポンティが言おうとしているのは、言語において、純粋な意味そのものはなく、意味は記号の組み合わせから生じるということである。彼は、「私の身体が見るのは、自らがそこに出現するところの見えるものに、それが属しているからであるように、音の配置がそこへと開いている意味は、この配置へと反響する」(VI201)とも述べる。ここで彼が言っているのは、私の身体が見るということが可能なのは、私の身体が見えるものに属しているからだが、それと同様に、言語の意味は音の配置という感覚的なものから生じるということである。

メルロ゠ポンティは、「諸理念は、経験のテクスチュア、その様式であり、最初は沈黙し、次に発話される」(VI159)と述べている。つまり問題になるのは、知覚における理念から言語における理念、すなわち「純粋な」理念性」への移行がどのようにしてなされるのかということである。また彼は、「沈黙の世界から語る世界へのこの移行を、より注意深くたどらなければならなくなるだろう」(VI202)とも言っている。一九五九年度の講義で、メルロ゠ポンティは、再びフッサールの「幾何学の起源」を論じ、「[諸命題のうちにひとたび作り上げられたものではなく、その誕生における理念的意味を考えてみるならば]、それは実際、言葉(Sprache)という媒介手段によって、あるいは言葉(Sprache)を通してであることは明らかである」(NCOG40)と言う。[23] 五九年度の

「自然」講義では、「見えないもの、精神は、ほかの実在性ではない。それは見えるものの裏面、あるいはもうひとつの面なのである。（略）ここで「自然とロゴス」というタイトルがその全ての意味を得る。自然で感性的な世界の〈ロゴス〉があり、言語の〈ロゴス〉はこれに支えられているのである」（N274）と述べられている。それはつまり、言語のはたらきによって生成する純粋な理念性も、知覚とそこから生じる理念に基づいているのだということである。だがメルロ＝ポンティは、「この、その場での止揚を明らかにするにはいまは早すぎる」（VI200）と述べ、知覚がどのように言語に接続されるかは将来の課題であると述べるにとどまった。

しかし、その手がかりになるような考察を彼が何も残していないというわけではない。次に引用する文章で、メルロ＝ポンティが「一般理念」について言及するのも、この移行を説明するためだと考えられる。先に、メルロ＝ポンティがハイデッガーの「本質」に言及している文章を引用したが、それをもう一度、その後の部分も含めて引用しよう。

現成する（west）もの（略）それはバラを貫き通して広がるバラ性であり、ベルクソンが非常にまずく「イマージュ」と呼んでいたものである。――なおこのバラ性がある「一般理念」を生み出すこと、いわばいくつものバラがあり、バラというひとつの種があること、それはどうでもよいことではなく、それは、その全ての含蓄（自然的産出性）において考えられたバラ―存在から帰結することなのだ。（VI228）

一般理念を生じさせる「含蓄（自然的産出性）」とは、バラの知覚において、知覚されたバラの理念から、バラという種、一般理念が生じるということである。メルロ＝ポンティは「諸物の一般性：なぜ、各事物に数多くの同種のもの（exemplaire）があるのか？」（VI273）とも言う。これも、バラという一般理念と、それに包摂される数多くのバラ、という関係がどのように生じるのかという問いである。この文章を含むノートにはこれ以上の説明はない。だが次の文章は、おそらく、その「一般理念」の生成に関わるものである。

過去は、人がなお関わりをもっているその同じもののヴァリアントとして見られたものであり、あるいは、後者は、人が関わりをもっていた、その同じもののヴァリアントである。(NC202)

過去に、例えばバラを見た後、別のバラを見たときに、過去のバラは、現在のバラのヴァリアントになり、現在のバラは、過去のバラのヴァリアントになる。それは、バラのバラ性としてのバラの理念、本質が、両者に同様に見られるからである。メルロ=ポンティは、「それ〔揺るぎなさ：引用者注〕は、ある経験を、その諸ヴァリアントにひそかに結び付ける紐帯なのだ」(VI155)とも言っているが、それはこのことを指していると考えられる。過去に見られたものは、本質、理念として次元、水準となっている。そして、この過去に見られたものと現在見られているものとは、互いに互いのヴァリアントである。メルロ=ポンティ自身が先のバラのバラ性についての文章と、ヴァリアントについての文章を結び付けているわけではないが、「一般性」あるいは「一般理念」、そして「数多くのバラ」「ヴァリアント」「同種のもの(exemplaire)」といった、これらの文章で用いられている用語から見て、メルロ=ポンティの思考がこのヴァリアント関係による一般理念の生成という方向へ進んでいたことは明らかである。

このように、メルロ=ポンティはプルーストを参照しながら、肉と理念の関係を論じている。いったんそれを整理するならば、まず、プルーストが音楽の理念と光や音などの概念を同列に並べ、それを一度経験されれば失われることなく精神のうちに潜在し続けるものとして扱っていることに、メルロ=ポンティは注目している。それは制度論の枠組みを再利用して知覚を論じることにつながっている。過去の知覚経験を次元として、以後の経験が可能になる。さらに、彼は知覚に関してプルーストが理念の語を用い、さらにそれを「知性の理念」と同列に扱っていることを利用して、肉から「純粋」な理念への道筋を明らかにする議論への転換を図っているのである。(24)

2　〈存在〉の概念

理念の問題は、メルロ＝ポンティにおいて、〈存在〉の概念に直結する。彼は、一九五九年から六〇年の講義「自然とロゴス」では、「〈自然〉だけでなく理念も下部構造、交差としてわれわれに現れた（略）が、こうしたことは全て〈存在〉を前提とする」（N291）と言っている。〈自然〉の概念、そして理念との関係で〈存在〉とはどのようなものだろうか。

〈存在〉、〈自然〉、肉の概念は、これまでのメルロ＝ポンティ研究史で十分に区別されてきたとは言えない。ガリー・ブラン・マディソンは、メルロ＝ポンティがその晩年の思想で主体と対象の二元論を克服していることを主張して次のように言っている。「メルロ＝ポンティの存在論はこの場合において、一元論的哲学として現れる、というのも（実質的な）世界と主体とはともに〈自然〉から、現象の下にある、あるいは現象を横断するこの唯一の〈存在〉から派生しているのだから[25]」。また別の箇所では、「〈存在〉、それはしたがって〈自然〉である（略）。それは実際、世界の「肉」であり、感覚的世界と感覚する主体の究極の源である。〈存在〉、それは一種の原初的な〈感覚的なもの〉である[26]」と述べられている。マディソンは、このように〈自然〉、〈存在〉、肉の概念を区別せず、相互に交換可能な概念として用いて、それらの概念によって指示されるものから、主体も世界もともに生じているとする[27]。確かにメルロ＝ポンティ自身が、肉ばかりでなく〈存在〉についてもそれは「はみ出し」（VI269）をすると言い、「肉である〈存在〉」（VI324）とも言う。だが、概念として全く区別がないのであれば、あえて異なる語を用いる必要もない。仮にそれらの概念が指すものが互いに重なり合っているのだとしても、どの点で重なっていて、どこが違うのかを考えてみなければならない。

本書一一二ページに引用したように、〈存在〉は「自然」―「人間」―「神」の連鎖関係の全体を指す名である。

まず、「物理―化学」的なものとしての「自然」から生命が生じる。その生命が見ることを始めると、それは肉となる。[28] この過程の全体が〈存在〉と言われているのである。またメルロ＝ポンティは、「感覚的なものの感覚的な現れ、感覚的なものの無言の説得は〈存在〉にとって、実定性になることなく、また多義的で超越的であることをやめずに現れるためのただ一つの手段である」（VI267）と述べる。また彼は、「知覚されるもののこの相対的な実定性」（VI267）と言い、〈存在〉については「もろもろの感覚的なものがそこで切り分けられる全体性」（VI268）と言う。〈存在〉は、そこで個々の感覚的なものが切り取られてくる全体としてそれら個々のものを超越している。また〈存在〉は、様々な対比でもろもろの感覚的なものがそこで「切り分けられる」のであるから、それ自体としては多義的である。さらにメルロ＝ポンティは、感覚的なものは〈存在〉の「媒体」（VI267）であると言う。すると、〈存在〉には感覚的でないものという含意があることになる。彼は、感じることができるものとしての肉は「〈存在〉の「エレメント」」（VI184）であるとも言う。そうであるならば、〈存在〉と肉の間には位相の違いがある。

ここで注目すべきは、本書一五五ページに引用したように、〈自然〉と並んで理念が挙げられ、その両者が〈存在〉を前提とすると言われていることである。メルロ＝ポンティは、「〈世界〉と〈存在〉：それらの関係は見えるものと見えないもの（潜在性）との関係である」（VI305）と述べる。彼は、理念は「見えないもの」（VI198）であるとも言う。また彼は、「主観的「諸体験」は（略）〈存在〉であるところの「記録簿」に書き込まれる」（VI239）とも述べている。[29]〈存在〉が「記録簿」であるとは、過去に見られたものとしての理念がそこに残存するということである。そしてそれに支えられて個々の感覚的なものが分節される。理念の生成は、「人間」の段階に相当すると考えられる。この〈自然〉からの理念の生成は、〈存在〉における「自然」―「人間」―「神」の連鎖関係のなかでおこなわれることだから、〈自然〉と理念は〈存在〉を前提とするということになる。物理・化学的過程とそこから生じる生命、それが見始めることによって肉となったもの、こうした〈自然〉と、知覚経験が残存したところの理念や、そこから発展した「一般理念」「「純粋な」理念性」とをともに包含し

ているのが〈存在〉なのである。(30)

3　〈存在〉における奥行き

このように理念が現在の知覚に対する次元として残存しているという議論で、メルロ＝ポンティがプルーストの理念としての奥行きという考えに言及しているとしても、彼の思想における奥行きは、過去の知覚経験が残存したものとしての理念にとどまるものではない。過去に見られたものだけが現在眼前にあるものの背後に隠れているのではない。本書一一一ページに引用した文章（VI182）で語られているのは肉である。肉は見えるものであるとともに見るものでもあるところの、感じることができるものである。私もまた見えるものである（VI152, 184）。私は見えるもののただなかから、すなわち、見えるものでありながら見ていて（VI152）、私の肉は世界と同じ肉からできていて、その境界は曖昧である。世界の肉は私の肉と浸透し合っている。「見えるもの」の「表面の下の奥行き」とは、メルロ＝ポンティが「現在のもの、見えるもの」の背後に隠れている時間、空間の広り、「過去、未来、そしてよその莫大な潜在的内容」（VI153）、見えるものでもある世界の肉の、「大規模な光景」（VI182）と言っていたものである。過去の記憶としての理念も私の身体に残存しているのだから、奥行きにはそれも含まれるが、それればかりではなく、見えるものは世界の肉全体を奥行きとしている。したがって、眼前のものの背後をなす奥行きは、私の身体を含み、その眼前のものを見ている私の視覚をも含むのである。

奥行きと同時性の問題は他者の問題にも関わる。『見えるものと見えないもの』でメルロ＝ポンティは、「見えるものに固有のこととは、すでに言ったように、あるくみ尽くしえない奥行きの表面であることである。このことによって、見えるものは、われわれのもの以外のほかの諸視覚に開かれうるということになる」（VI188-189）と言う。また彼は「投射的な世界ではなく、私の世界と他人の世界のそれのような共存不可能性を通してその統一をなすような世界」（VI268）とも言う。私が見る「見えるもの」と他者が見るそれとは互いに共存不可能なものである。なぜなら、同時に同じ視角を複数の者がとることは不可能だからである。しかし視角同士のこの共存不可能性も、見えるものの背後の奥行きを前提としたものであり、他者を排除するものではない。このことは、過去の他者との間の関係についても言える。「知覚すること（percipere）の知覚されること（percipi）に対する先行性はなく、同時性または遅れさえもがある。というのも自然的世界の重みはすでに過去の重みなのだから。私の生のそれぞれの風景は、（略）世界の持続可能な肉の切片なのだから、見えるものであるかぎりで、私のもの以外の多くの視覚に満たされている」（VI164）。私が何かを見るとき、私自身が、見るものとして、見えるもののただなかで見ることを始める。私が見始める以前からすでに世界の肉は持続していて、私がいま見ているものは、ほかの人々によって見られた視覚をも含みながら、いま見えるものとなっている。私の視覚と他者の視覚は同じ位置を占めるものとしては共存不可能な関係にあるとはいえ、肉において共存し、一つの世界を形成しているのである。

他者との共存は、言語と知覚の関係の面からも言える。「他人の〔感じている：引用者注〕色彩や触覚的起伏は私にとって絶対的神秘であり、私には決して到達できないと言われる。だがそれは全く真実ではないのであり、私がそれらについての理念や心象や表象ではなく、一種のそれに迫る経験をもつためには、風景を見つめ、それについて誰かと話せばいいのである。そのとき、（略）私の眼の前の草原の個人的な緑は私の視覚を離れずに彼の視覚を浸し、私は私の緑のなかに彼の緑を認めるのである」（VI187）。非言語的知覚が完全に一方的に言語に引き継がれると考えてはならない。知覚が言語によって左右されるという面もあり、それは知覚の成立そのものに他者が介在しているということである。メルロ＝ポンティの晩年の肉や奥行きの思想は、他者との共存という問題を解決しようとするものでもあり、その点で、本書五〇—五一ページで論じた他者問題の解決策としての制度論の展開であると言える。[31]

このような『見えるものと見えないもの』での奥行きと、「眼と精神」でのそれとは、どのような関係にあるのだろうか。というのも、『見えるものと見えないもの』での、世界の肉全体が、そして理念をも含めるとすれば〈存在〉全体が奥行きとなっている、という場合の奥行きと、「眼と精神」における嵩としての奥行きとでは、違うものを指している印象があるからである。過去の知覚経験の残存した身体を含む肉全体が、現在の知覚の成立に寄与しているという場合には、profondeur は、むしろ「深み」と訳されるべきではないのか。それらの奥行きの関係をどのように考えればいいのだろうか。これについてはメルロ゠ポンティの次の文章が参考になる。

われわれが言おうとしているのは、逆に肉的存在が、いくつもの葉層、いくつもの面がある、奥行きをもった存在、潜在的な存在、ある不在の呈示として、〈存在〉の原型であるということなのである（略）すでに立方体は自らのうちに共存不可能なもろもろの見えるもの（*visibilia*）を取りまとめている（略）。（VI179）

立方体が、もろもろの「共存不可能」な眺めを同時に含んでそれとして見えるというのは、眼前の立方体に限って言えば、横の面、裏の面の眺めが正面の眺めに含まれているということである。だが、〈存在〉全体でも、もろもろの「共存不可能」な眺めが同時にあるのであり、そのことによって個々の物がそれとして見える。『見えるものと見えないもの』における肉全体としての奥行きは、物の空間的知覚における奥行きの経験を排除するわけではない。むしろ、そのような空間的奥行きは、『見えるものと見えないもの』で語られた、より広い意味での奥行きの一要素と見るべきである。その点で、立方体が「そこにある」という場合に言えることが、〈存在〉全体の原型であると言える。メルロ゠ポンティは、「セザンヌが奥行きを追求するとき、彼が追求しているのは〈存在〉のこの爆燃なのである（略）」（OE65）と述べる。『知覚の現象学』「セザンヌの懐疑」と同様に、ここでもセザンヌは奥行きにおける同時性という知覚のありように忠実な画家として例証を示す立場を与えられているのである。[32]

4 〈存在〉における志向性

本書一一一ページで、『知覚の現象学』と晩年の思想との間での奥行きの概念の違いを指摘した。『知覚の現象学』では奥行きと距離は同一視されていた（本書二七ページ）のに対し、「眼と精神」では、距離は奥行きからの抽象であると言われている（本書一一〇ページ）。さらに、本書一一一ページに引用した文章にあるように、『見えるものと見えないもの』では、奥行きは知覚者さえをも含んでいる。コロンナは、『見えるものと見えないもの』からの文章を引きながら、「距離において未来が私の前に直観的に現前し、私の現実の現在とともに地平へ向けて並べられているからこそ「同時性」について語りうるのである。この意味で奥行きはまさに「すぐれて同時的なものの次元」である[33]」と言う。論文のこの箇所でコロンナがおこなっているのは、実際には『知覚の現象学』での奥行き論についての議論である。知覚者から離れたところにある事物は、かつて知覚者がそこにいたその場所にあるものとして、あるいは、いつかそこに到達する場所にあるものとして知覚されるのであり、その意味で遠く離れた事物の知覚において過去や未来は知覚がおこなわれている現在と同時的である。この意味で奥行きと距離は同一視されうる。だがそれは晩年の思想にはあてはまらないのであり、いまの引用文のなかで『見えるものと見えないもの』からの引用がおこなわれているのは不適切である。バルバラスは、「奥行きにおいては空間性の原初的な経験が特権的な仕方で読み取られる[34]」と言う。彼がメルロ＝ポンティにおける奥行きとして主張するものは、知覚されるものがそこにある、という場合の「そこ」の経験である。そのことは、「物が離れてあるからこそ物がそこにあるのではなく、物がそこにあるからこそ物は離れてあるのである[35]」という文章からわかる。バルバラスは、この経験で重要なのは物が「そこに」あるという経験であって、この経験そのものにおいては、どの程度その物が離れているかは問題ではないとして、「空間のある奥行きを認識するということは、対象が離れて与えられるということであるが、この距離はそれ自体では与えられない」[36]とする。物がそこにあるという経験として奥行きを考えるのは、「眼と精神」に見られる考え方だが、しかしバルバラスも、メルロ＝ポンティの初期から晩年への思想の展開を考慮に入れていない。実際には、メルロ＝ポンティの思想の展開のなかで奥行きと距離の関係は変化している。この変化の意味についてどのように考えるべきだろうか。それは、時間のあり方をどのように考えるか、そして知覚を知覚者の身体性を基点として考えるかどうかに関わる問題である。

メルロ＝ポンティは、『見えるものと見えないもの』で、時間の連続性について次のように言っている。

> フッサールの図表はいまの連続を一本の線の上の諸点によって表すことができるというこの慣習に従属している。確かにフッサールはこの点にそこから帰結する過去把持や過去把持の過去把持という手直しの全体を付け加えている。この点で彼は時間を系列的なものや点的出来事の列として考えているのではない。しかしそのように複雑なものであっても、流れの現象のそうした表象は間違ったものである。（VI248）

ここでメルロ＝ポンティは、本書三〇―三一ページでも触れたフッサールの時間図表（図1）の批判をおこなっている。フッサールは、単なる点的ないまの列としてではなく、過去把持の連鎖として時間を考えている。この図表で、新たないまが到来するごとに、過去は変容を被りながら過去把持の連鎖に入っていく。このことをフッサールは「経過現象」と呼ぶ[37]。メルロ＝ポンティが言うのは、そのように複雑化し、いまが点的なものではないとしても、やはりフッサールが基本的に時間をいまの連続として考えていることに変わりはないということである。『見えるものと見えないもの』には次のようなノートも見られる。

> 意識とその判明な志向的糸を伴った経過現象（Ablaufsphänomen）ではなく、この経過現象（Ablaufsphänomen）が図式化するところの渦、空間化―時間化する渦（それは肉であってノエマに向き合った

意識ではない）を第一のものとして受け取らなければならない。（VI298）

ここで批判されているのは、意識の志向性によって時間が連続的なものとして構成されるという考え方である。それは図式にすぎず、後からの説明にすぎない。まず起こるのは、肉としてのあり方をするものが見るということをおこなうときに空間と時間がともに生じることである。[38] 本書一一一ページでも論じたように、かつて『知覚の現象学』のメルロ＝ポンティは、この図式を自らの議論に取り入れていた。したがって『見えるものと見えないもの』でのメルロ＝ポンティのフッサール批判は、かつてのメルロ＝ポンティ自身にも向けられたものである。

意識の問題については、メルロ＝ポンティは『見えるものと見えないもの』で、『知覚の現象学』での自分は「部分的に「意識」の哲学を保持したままだった」（VI237）と言う。また彼は「『知覚の現象学』で提出された問題は、そこで私が「意識」―「対象」の区別から出発しているので、解決しえないのである」（VI253）とも言っている。だが『見えるものと見えないもの』のメルロ＝ポンティの意識に関する自己批判をそのまま受け取ることは、事態を単純化してしまうだろう。なぜなら、メルロ＝ポンティは『知覚の現象学』でも、次のように言っていたからである。

運動が空間を生じさせるものであるなら、身体の運動性が構成的意識にとって「道具」でしかないということはありえない。（略）身体の運動は、それがそれ自身ある独自の志向性、認識とは区別された、対象へのある関わり方であればこそ、世界の知覚において一つの役を演じることができるのである。（PP443-444）

知覚において、主体の運動可能性が知覚の時間性をも規定している。空間の遠近は時間の遠近と連動している。そして、この場合に、空間は、身体としての主体にとって、そこでの移動が可能であり、すぐに到達できる近い場所と、すぐには到達できない遠い場所というあり方をもって知覚されている。空間をそのように現れさせているのは身体の運動性である。したがって、この行動の場としての世界の知覚は、身体の志向性によっておこなわれているのである。

さらにメルロ＝ポンティは、対象の側に一種の能動性を認めている。

色の基盤となっているのは私のまなざしであり、対象の形の基盤となっているのは私の手の運動である。あるいはむしろ、私のまなざしは色と組になり、私の手は堅いものや柔らかいものと組になっているのであって、感覚の主体と感覚的なものとの間のこの交流において、一方がはたらきかけて他方が受身になるとか、一方が他方に意味を与えるとは言えない。私のまなざしや手による探査がなければ、そして私の身体が感覚的なものと同調する前には、感覚的なものは曖昧な促しでしかないのである。（PP248）

志向性は身体にあり、まなざしや手の運動が、対象の色や手触りを知覚する。これらの運動によってはじめて、対象は色、硬さ、軟らかさを備えているものとして知覚される。その点で、そうした感覚的性質の基盤をなしているのは身体とその運動である。だがここで注目すべきは、この関係のなかで感覚の主体と感覚されるものとは、一方的な能動・受動の関係にあるのではないということである。たとえ「曖昧」なものであっても、感覚的なものが身体のそうした運動を「促し」ている。メルロ＝ポンティは、「風景の経験をもつのは確かに私であるが、この経験において私は事実的な状況を引き受け、諸現象のうちに散乱している意味を取りまとめ、それら自身の言いたがっていることを言っている」（PP305）とも述べている。通りを歩き周囲を眺めるとき、木と木の間を物として見て、木のほうをこの間に対する地として見るということはない。立方体の図の知覚においても特殊な場合を除いてそれをまず立方体として見る（PP304-305）。現象の側が自ら形をとっているのであり、知覚者は現象の側に発する意味の萌芽を捉えなおしているにすぎない。また、『知覚の現象学』の非常に印象的な箇所のひとつでは、メルロ＝ポンティはより強い表現をおこなっている。

感覚的なものは私がそれに与えたものを私に返すが、私がそれを手に入れていたのは感覚的なものからなのである。空の青を見つめる私は、無世界的な主観として空に向き合っているのではなく、それを思考において所有しているのでもなく、その前でその秘密を私に明かすであろう青の理念を展開するのでもなく、私はそれに自分を委ね、この神秘のうちに浸り込むのであって、空の青が「私において自らを思考する」のであり、私は、自らを収束させ、集中させ、自分に対して存在し始める空そのものであり、私の意識はこの無際限の青によって満たされるのである。[39]（PP248）

「私」は青い空を見つめている。「私」は意識として対象に向き合っているのではない。「私」は自らの見つめている青い空と一体になり、そこに溶け込んでいる。「私」が空を見ているというよりも、空が「私」であり、空が「私」を通して自らを見、考えている。これはメルロ＝ポンティの晩年の思想を思わせるような議論だが、彼の意図としては、前記の木々を見る例と同様に、対象の側に発する促しのことを論じているのである。また、彼は次のようにも言っている。

それ〔物：引用者注〕は、決して、それを知覚する誰かから切り離されえず、決して実際に即自的にあることはできない、なぜならその分節はわれわれの実存の分節そのものだからであり、また物はあるまなざしの先にあるいはそれに人間性を与えるある感覚的探査の終極に生ずることになるからである。このかぎりにおいて、あらゆる知覚はある交渉あるいはある交わりであり、あるいはある外部の志向（intention）の、われわれによる捉えなおしあるいは達成であり、あるいは逆に、われわれの知覚能力が外部で実現することであり、われわれの身体と諸物とが組になることである。（PP370）

知覚において、物がそれとして現れているのは、物が知覚されなくてもそのようにあるからではなくて、知覚者がそれをそのように知覚しているからである。それは、対象の側の「促し」に応じて、知覚者のまなざしや手によってそれが知覚されるということである。そして、対象の側の「促し」が、ここでは「ある外部の志向」と言われている。物の側にも一種の志向性が考えられているのである。[40]そして身体の志向性がそれを捉えなおす。こうして対象と身体の相互的交流によって知覚はおこなわれる。したがって、意識の問題に関して、『見えるものと見えないもの』でのメルロ゠ポンティの『知覚の現象学』に対する自己批判は、必ずしも全面的に妥当とは言えない。

しかし他方でメルロ゠ポンティは、『知覚の現象学』で、「意識とは、身体の媒介で物に接している存在である」(PP161)とか「われわれは、その身体によって空間へと関わり合っている意識を記述する」(PP457)と述べる。[41]確かに、意識は身体に根ざし、そのことによって知覚をおこなっている。だが、こうした言い方では、あたかも身体の背後にさらに、純粋ではなく身体と結び付いた仕方でであるにせよ、意識がはたらいているかのようである。物が人間の知覚を「促し」、人間がその「促し」に応えるという相互性は考えられているとしても、身体の側に志向性が考えられ、さらにその背後に意識が考えられるとすると、その「促し」がどのような位置づけをもつのかが曖昧になる。本書一六二ページで述べたメルロ゠ポンティの自己批判は、こうした意識の哲学の残存に向けられているのである。[42]

本書一六一ページに引用した文章にある時間の連続性についての批判も、意識を中心的なものとして考える哲学への批判の一環であると考えられる。『知覚の現象学』でメルロ゠ポンティは、いまここからの知覚に、過去や未来での知覚が同時に含まれ、それによって奥行きの知覚が生じると言っている。その知覚の含み込みのあり方は、身体としての主体の運動可能性を前提とした連続的なものである。そしてこの著作には、身体の背後に意識が控えるかのような記述がある。つまり時間と空間の連続性は、意識を前提とするものである。また『知覚の現象学』で、奥行きは知覚主体を起点とする距離と同一視されている。ここでは、奥行き、同時性は知覚する身体を中心として、さらにはその背後の意識を中心として考えられていたのである。

『見えるものと見えないもの』で、現在見えるものの背後には、そのもののいまは見えない面ばかりでなく、「莫大な潜在的内容」（VI153）が同時的なものとして隠蔽されていて、さらには知覚者自身さえもが奥行きに含まれている。ここでの同時性は、身体の運動可能性を前提とした連続性で捉えられているわけではない。また、メルロ＝ポンティは「見えるものの自分自身への関係があり、この関係が私を貫いて、私を見るものへと構成する」（VI185）と言う。これは、本書一一五ページの肉を説明する引用文にあった、「流れ」としての視覚が「見えるものを見るものにする」（VI193）ことを指している。意識、さらには身体としての主体さえもが、『知覚の現象学』における中心性を失っている。『見えるものと見えないもの』でメルロ＝ポンティは次のように言っている。

> 逆に、フッサールが記述し主題としている経過現象（Ablaufsphänomen）は、全く別のものを含んでいる：それは、「同時性」、移行、立ち止まるいま（nunc stans）、過去を守護するものとしてのプルースト的な身体性、「意識」の「パースペクティヴ」に還元されない超越的な〈存在〉に没入することを含んでいる——それは過去から事実的で経験的な現在への志向的差し向けばかりではなく、また逆に、事実的現在から、そこでは過去が限定的な意味での現在と「同時的」であるような、ある次元的現在または世界（Welt）あるいは〈存在〉への志向的差し向けを含んでいる。（略）そして実際のところ、ここにはまさに、現在に密着する過去があるのであって、現在の意識に密着する過去の意識ではない：「垂直的な」過去はそれ自身のうちに知覚されたということの要求を含むのである（略）。過去はもはやここでは…についての意識（Bewusstsein von...）の一変異や一様態化ではない。逆に、についての意識（Bewusstsein von）、知覚したということこそが、重みのある〈存在〉としての過去によって支えられているのである。過去があったからこそ私は過去を知覚したのである。フッサールの分析の全体は、意識の哲学が彼に課した諸行為によって妨げられている。

存在に内的な志向性である、作動する（fungierende）、あるいは潜在的な志向性を捉えなおし、展開しなければならない。（VI297-298）

バルバラスは同時性の観点からこの文章に注目している。本書序文の一七ページにも述べたが、彼によれば、現在を純粋な現前として、過去を純粋な不在として考えてしまうと、一方は純粋な現前であり、他方は純粋な不在であるために、現在から過去への移行が理解できないものになってしまう。したがって、この移行を説明するためには、現在がすでに自らがそれへと移行する過去であると考えなければならない。このことをバルバラスは、「到来する諸現在はすでにそれらがなるであろうところの全ての過去である[43]」と言い、そのことを「過去と現在はまさに「同時的」である[44]」と言う。さらに彼は「究極の〈現実性〉は空間と時間の対立を超えたところに位置している」と述べ、「奥行き」の経験でも「現在と過去は同時的[45]」であるとし、「奥行きは文字どおりに空間的な延長ではなく、到来しうるものを隠している、あるいは到来するもの全てが奥行きから生じるのである[46]」と述べる。だが、これはやはり時間を直線的に捉える思考の圏内にとどまっている。そのために知覚における同時性が、いまあるものと、これから到来するものとの関係にとどまっているのである。

前章と本章で論じてきたことに基づくならば、いま引用した文章でのメルロ゠ポンティの議論は、現在眼前にあるものの知覚そのものを成立させるようなほかのもろもろの知覚との同時性のなかで、フッサールの議論との対決の必要から、過去と現在との関係に注目したものと考えるべきである。身体に残存する過去の知覚経験は現在と同時的である。この場合の現在は過去と相対的な、それ自体過ぎ去って過去となる現在であり、「限定的な意味」での現在である。これに対して〈存在〉全体は、そこでは過去と現在のそうした同時性が可能となり、かつ自身はそうした過去と現在の対立を超えているのだから、その意味で「次元的現在」である。「現在に密着する過去」とは、現在の知覚と対比され、それを成立させる過去である。現在眼前にあるものがそれとして見えるということは、すでにその知覚に過去の知覚経験が含まれているということであり、意識が現在の知覚と過去の知覚経験を結び付けているのではない。そして、そのように現在の知覚に寄与する過去が残存しているからこそ、過去の意識が可能になるのだし、過去を知覚したということも言えるのである。ここで「重みのある〈存在〉」というのは、本書一五八ページに引用した文章をもう一度引くならば、「知覚すること（percipere）の知覚されること（percipi）に対する先行性はなく、同時性または遅れさえもがある。というのも自然的世界の重みはすでに過去の重みなのだから。私の生のそれぞれの風景は、（略）世界の持続可能な肉の切片なのだから、見えるものであるかぎりで、私のもの以外の多くの視覚に満たされている」（VI164）という文章の、「過去の重み」という部分に対応している。メルロ＝ポンティは一九五九年の「哲学者とその影」で、〈自然〉のことを「下部構造」と呼び、「われわれの「考古学」の領域へと降りてゆくことは、われわれの分析の道具をそのままにしておくだろうか？　それはノエシス、ノエマ、志向性といったわれわれの概念を、われわれの存在論を全く何も変化させないだろうか？」（S208）と言っている。(47) 彼はこのように志向性概念の限界を認めている。この問いに対する答えが、この「存在に内的な志向性」（VI298）である。(48) ここでの文脈から判断すれば、これは過去の知覚経験との結び付きによって現在の知覚が成立するということである。もはや志向性は意識についてだけ言われることではない。この点で、ここには『知覚の現象学』からの転換が見られる。(49)

カルボーネもやはりいま引用したメルロ＝ポンティの文章に注目し、「過去と現在のつながり」を「まさに――同時性としてではなく」「過去の意識の現在の意識への密着」(50) として考える仕方への批判をそこに読み取る。彼は、晩年のメルロ＝ポンティにあっては、知覚される意味も意識を前提とするものではないとし、「意識と対象の対面関係、能動性と受動性の区別に先行するこの意味は、まさに、存在に内的な志向性によって自ら構成される」とする。そして「メルロ＝ポンティの思想はこうして意識の哲学の影響を脱している」(51) と言う。カルボーネによるこれらの議論について筆者は異論をもたない。だが、カルボーネは同時性と奥行きの概念の関係を重視していない。確かにカルボーネは、「感覚的なものは、実際、――われわれの身体とともに諸物、諸動物、もろもろの他者を織り交ぜる不可分の生地として――時間的でもあり空間的でもあるある同時性のうちで、われわれをそれらへと開く」[52]と述べ、同時性が時間と空間の双方に関わる問題であることを認めている。しかし彼は、この場面では奥行きの語を持ち出していない。彼が奥行きと同時性のつながりに気づいていないわけではない。序文の一九―二〇ページで述べたように、彼はメルロ＝ポンティのそれらの概念のつながりに簡単に触れてはいる。彼は『知覚の現象学』と『見えるものと見えないもの』の間での奥行き概念の変化について述べ、「この概念〔奥行き：引用者注〕――主観性と諸物との解消しえないつながりにおいて記述されていたにしても、主観性に中心を合わせられていた――はいまや、見えないものの可視性としての肉の哲学の内部に移し替えられ、結果的に、それ以来奥行きは、もはや「実存的」な、したがって諸物に属しない次元としてではなく、諸物の定義そのものに含まれる存在論的次元として現れる」[53]と言う。そしてそれに続いて、メルロ＝ポンティの、「したがってそれ〔奥行き：引用者注〕こそが、諸物が一つの肉をもつ、すなわち私の視察に対して障害を、まさにそれらの実在性でありそれらの開けでありそれらの同時的全体（totum simul）である抵抗を対置するようにするものである」（VI272-273）という言葉を引用する。「諸物の定義に含まれる」という文章からも、またカルボーネが『見えるものと見えないもの』からの引用をおこなっていることからしても、ここでは〈存在〉を奥行きとして眼前の物が知覚されるという場合の奥行きと同時性が問題になっていることがわかる。したがって、同時性の思考によってメルロ＝ポンティが意識の哲学を脱していると言うとき、カルボーネの念頭に奥行きの概念があることは確かである。だが彼は、そこではこれら両概念のつながりを主題化しているわけではない。それは、彼が『知覚の現象学』でのそれら両概念のつながりを見落としているからである。さらに、彼はいま引用した文章[54]で、『見えるものと見えないもの』の奥行き概念を、『知覚の現象学』での空間的知覚における奥行きと比較しているが、本書を通じて論じてきたように、『知覚の現象学』での空間的意味での奥行きと、『見えるものと見えないもの』での〈存在〉としての奥行きとを単純に比較することはできない。ヘーゲルに由来する意味での奥行きの概念も加えて、二つの意味での奥行きと、同時性の概念を全て考慮に入れなければならない。それによって、メルロ＝ポンティの奥行きと同時性の思想の全体的な理解が可能になる。そしてこの理解の下に、彼の思想の全体の行程と、その変化が示すものが浮き彫りになる。それがすなわち、メルロ＝ポンティの思想の、意識を前提として知覚者を中心に置く考え方からの脱却ということである。

注

（1）『見えるものと見えないもの』に収録された草稿の順序については議論の余地があり、現行のものは最後の計画表をもとにして編集されている（VI12)。

（2）Proust, *À la recherche du temps perdu*, I, p. 350.

（3）*Ibid.*, p. 349.

（4）*Ibid.*, p. 349.

（5）*Ibid.*, p. 350.

（6）*Ibid.*, p. 351.

（7）*Ibid.*, p. 218.

（8）*Ibid.*, p. 349.

（9）*Ibid.*, p. 348.

（10）メルロ＝ポンティはこの論文では、こうした芸術作品の理念のあり方、すなわち出来合いの、言語化しうる理念に従って作品が作られるのではなく、作品の表現と切り離せない理念がまずあり、それが後から解釈され言語化される、というあり方を、イマヌエル・カントの『判断力批判』第四十九節の「感性的理念」の議論を参照しながら説明している。ここではこのカントの議論とメルロ＝ポンティのそれとの関係についてはこれ以上述べる余裕はないが、この論点に関しては Mauro Carbone, “Le sensible et l’excédent: Merleau-Ponty et Kant,” in Maurice Merleau-Ponty, *Notes de cours sur L’origine de la géométrie de Husserl: suivi de Recherches sur la phénoménologie de Merleau-Ponty*, Renaud Barbaras（sous la direction de), Presses universitaires de France, 1998, pp. 163-191 を参照。メルロ＝ポンティは、一九五一年から五二年の「世界の散文」でも「芸術作品におけるかけがえのないものとは、（略）それが諸理念よりも、諸理念の母胎を含んでいるということである」（PM126）と言っている。また、五三年度から五四年度の講義「パロールの問題」のレジュメでも、「文学的諸理念は、音楽や絵画の諸理念と同様に、「知性の理念」ではない、というのもそれら理念は決して光景から完全に分離されないからであって、それら理念は人柄のように抗いがたく、だが定義はできないものとして、透けて見えるのである」（RC40）と言っている。なお、ここで「知性の理念」とあるのは、プルーストが『失われた時を求めて』の「小さなフレーズ」についての部分で、それと対比するために持ち出している表現だから（Proust, *À la recherche du temps perdu*, I, p. 350.）、少なくともここで音楽の理念と言っているのは、その「小さなフレーズ」について、「理念」（*Ibid.*, p. 349）と言われていることを指しているのである。

（11）メルロ＝ポンティはこの語を「制度」講義でも用いて、のちになっても生産的であるようなある出来事が生じることをこの言葉で指し（IP35）、また全ての愛がその最初の世界への参入にあったとも言う（IP77）。一九六〇年から六一年にかけての講義では、「光（略）それはある世界への、ある小さな永遠性への、以後疎外できないある次元への参入（initiation）である」（NC196）、また「光は（略）以後、疎外できない、ある次元であり、反転不可能な参入（initiation）である」（NC193）とも言っている。

（12）ここでメルロ＝ポンティは、先に「光の概念（notion）」と言っていたものを理念（idée）と言い換えている。

（13）Proust, *À la recherche du temps perdu*, I, pp. 185-186.

（14）*Ibid.*, pp. 152-153.

（15）廣瀬浩司は、メルロ＝ポンティにおける「次元」概念が、もともとはレオン・ブランシュヴィックを経由してデカルトの『精神指導の規則』に由来すると言う（Koji Hirose, *Problématique de l'institution dans la dernière philosophie de Maurice Merleau-Ponty: Événement structure chair*, Numéro spécial des *Études de Langues et de Cultures*, no.2, Institut de Langues et de Cultures Modernes, Université de Tsukuba, 2004, p. 86)。

（16）Proust, *À la recherche du temps perdu*, I, p. 350.

（17）本書第1章注（14）を参照。また本書九五ページも参照。

（18）同じ講義のクロード・シモン論の部分にも似た表現がある（NC214）。

(19) Heidegger, *Einführung in die Metaphysik*, S. 47.

(20) Henri Bergson, "Matière et mémoire," *Œuvres*, pp. 161-356.

(21) Proust, *À la recherche du temps perdu*, I, p. 349.

(22) *Ibid.*, p. 351.

(23) この講義メモの日本語訳の訳者まえがきによれば、原書は、草稿の読み取りの段階で相当な誤りを犯していて、日本語訳は、フランスの出版社から訳者に送られた修正稿によっている。したがって信頼度の点では日本語訳のほうが高いが、この部分についてはおそらく問題はないため、ここでの引用は拙訳による。

(24) メルロ＝ポンティは『知覚の現象学』の「コギト」の章でも理念の問題を論じていた。そしてここで理念ということで代表的に言及されているのは、三角形の理念である。「一辺を延長し、一つの頂点を通して、対辺に対して平行な線を引き、これらの平行線とそれらの割線に関する定理を介在させること、こうしたことは私が紙や黒板の上、あるいは想像的なもののうちに描き出された三角形そのもの、その表情、その線の具体的な配置、そのゲシュタルトを注視する（considère）のでなければ不可能である。これこそはまさに三角形の本質あるいは理念ではないだろうか？　まず三角形の形相的な本質という理念を遠ざけよう」（PP441）。ここでメルロ＝ポンティが言っていることは、三角形の理念が、感性的なものと切り離された形相的なものではなく、その定理も、具体的に描き出された三角形と無縁のものではないということである。平行線と割線に関する定理をもつ三角形の理念、本質は、まさに眼前に描かれた三角形がもつ「表情」「ゲシュタルト」を見つめながら検討することによってだけ得られる。このようにして見いだされた三角形の理念は、永遠不変のものではない。メルロ＝ポンティは「いわゆる理念は必然的に表現行為に結び付いており、その自律性の外観を、これに負っているのである」（PP447）と述べ、また、「パロールとはまさに、それ〔思考：引用者注〕が、それによって自らを真理へと永遠化するところのものである」（PP445）と言う。パロールの繰り返し、パロールについて語るパロールのはたらきで、理念が、あたかも自律した、知覚とは関わりがないものであるかのように思われるようになる。『見えるものと見えないもの』での理念についての議論は、こうした『知覚の現象学』での議論を再び最初からやりなおそうとしたものだと言える。

(25) Gary Brent Madison, *La phénoménologie de Merleau-Ponty: Une recherche des limites de la conscience*, Klincksieck,

1973, p. 224.

（26）*Ibid.*, p. 230.

（27）マディソンの著作はメルロ＝ポンティに関する古典的研究のひとつだが、近年でも、やはりこれらの概念は必ずしも区別されていない。例えば谷は、「彼の自然／存在／肉は、それ自体は、対象／存在者ではない」（谷徹『意識の自然――現象学の可能性を拓く』勁草書房、一九九八年、五五四ページ）、「肉／存在は「自然」とも言い換えられる」（同書五五五ページ）、「「肉」は（略）動き・働きとしての「存在」である」（同書五五五ページ）と述べる。ミシェル・アールも、「逆にメルロ＝ポンティにおいて、〈存在〉は固有の名前をもっている、すなわち〈肉〉である」（Michel Haar, "Proximité et distance vis-à-vis de Heidegger chez le dernier Merleau-Ponty," in Merleau-Ponty, *Notes de cours sur L'origine de la géométrie de Husserl*, p. 138.）と言う。

（28）本書一一二ページの引用にあった「「自然」―「人間」―「神」という結合、鎖」という「哲学の唯一のテーマ」（N265）は、メルロ＝ポンティ自身の研究計画として読むことができるものである。これまでに述べたように、彼は一九五七年度以降、生物学などを参照しながら〈自然〉の概念を練りなおし、この五九年度の講義と『見えるものと見えないもの』では、この〈自然〉と相互包摂の関係にある人間を扱っている。公刊されている限りでは、彼はこれ以後死に至るまで、〈神〉について自らの思想を展開してはいない。

（29）「開かれた記録簿」の語はVI259にも見られる。

（30）本書一四五ページに引用した、「ありのままの一つの…」（VI175）という引用で語られているのは肉である。しかし本書一四四ページに引用した文章では、同じ事柄について〈存在〉と言われている。理念が残存する場についてメルロ＝ポンティは明記しないが、反響が呼び起こす過去の知覚経験によって現在の知覚に違いが出るとすれば、理念の場は個人的なものとしての身体に何らかの関わりをもつと言えるだろう。身体は肉のあり方の一面である。そして肉は全体性としての〈存在〉に包含されているのだから、理念は肉に残存すると言うことも、〈存在〉に残存すると言うことも、ともに可能なのである。

（31）なお、奥行きの知覚が他者を許容するものであることについて、佐藤康邦『絵画空間の哲学――思想史の中の遠近法』（三元社、一九九二年）九六―一〇五ページを参照。

(32)メルロ＝ポンティは何人もの芸術家の作品に即して同時性を論じている。そのうちの一人、画家に関してはドローネーを挙げるべきだろう。ドローネーは、奥行きと同時性の二つを自らの芸術の枢要な位置を占める概念としていた(Cf. Robert Delaunay, *Du cubisme à l'art abstrait: Les Cahiers inédits de Robert Delaunay*, SEVPEN, 1957, pp. 108-134.)。本書一〇五ページに引用したメルロ＝ポンティの文章に引かれている「奥行きは新たなインスピレーションだ」という文章は、*Ibid.*, pp. 109, 114 にある。ドローネーには、現在この場所にいながら遠く離れた場所にも同時に現前しているという意味の言葉もあり(*Ibid.*, pp. 110, 115.)、メルロ＝ポンティはこれを「眼と精神」で参照している(OE83-84)。詳しくは本書補論を参照。またメルロ＝ポンティは、文学作品でもやはり同時性が表現されているとする。彼が挙げるのは、プルースト、クローデル、シモンの三人の二十世紀フランスの作家である。プルーストについては本文で触れているので、ここではクローデルとシモンについての議論を簡単に紹介しよう。クローデルについては、メルロ＝ポンティは『繻子の靴』を取り上げる。主人公のドニャ・プルエーズとドン・ロドリッグの、現実にはかなわぬ思いが重なって生じた「二重の影」は次のようなせりふを発する。「今こそ糾弾する、わたしは、この男を、この女を、二人によって一瞬だけ存在したわたしだが、もはや永劫に終ることはない、二人によって書きこまれてしまった、わたしは、永遠の書物のページに！一時でも地上に存在したものは、永遠に朽ちることのない文書となるのだから」(ポール・クローデル『繻子の靴』上、渡辺守章訳〔岩波文庫〕、岩波書店、二〇〇五年、二四一ページ)。メルロ＝ポンティは「デカルト的存在論と今日の存在論」のなかのクローデルについての部分に、同時性というタイトルをつけている。編者によれば、そこに次のようなノートが挿入されている。「もはやないこと、それはもはや何ものでもないということではなく、それは「あったということ」、「破壊し得ない文書庫」に書き込まれていることである。見えるものへと到来することによって、諸物は自らの、消せない影を書き込むのである。過去は非物質性や「純粋記憶」ではなく、逆に、見られたものあるいは見えるものであったものであり、見えるものの影あるいは写しとして破壊しえないものなのである」(NC198)。メルロ＝ポンティは、この講義ノートのもう少し後の部分で、はっきりと「「二重の影」(『繻子の靴』の二日目の終わり)」(NC201)と指示したうえで、「それ〔見えるもの：引用者注〕よりも真なるもの、それはその写しあるいは影であって、これ「だけが存在する」(一九六ページ)のである」(NC202、丸かっこ内のページ数はメルロ＝ポンティが指示するクローデルの引用箇所)と述べる。なお、メルロ＝ポンティの同時性の議論とクローデルの「詩法」の近さについては、Colonna, op.cit., pp. 214-230 を参照。また前掲加國「「共同出生と同時性」」も参照のこと。

シモンについては、メルロ＝ポンティはとりわけ『風』『草』『フランドルへの道』などに言及している（NC207-8, 213-214）。それらの作品では、感覚的なものをきっかけとして過去の記憶が唐突に、現在の時間の流れのなかに介入してくる。メルロ＝ポンティは、シモンの小説にも時間のあり方を読み取っている。「入れ子式の現在、だがそのうえそこに含まれている過去は現在を脱中心化するのであり、もうひとつの世界である。時間の同時性、それは次のようなことである：そのうちでの共存不可能な諸現在の共存」（NC207）。メルロ＝ポンティとシモンについては、いくつかの研究がある（前掲『現象学の系譜』一四五―一八六ページ、Edouard Pontremoli, "Description fragmentaire d'un désastre: Sur Merleau-Ponty et Claude Simon," in Marc Richir et Etienne Tassin (textes réunis par), *Merleau-Ponty: Phénoménologie et expériences*, Jérôme Millon, 1992, pp. 139-159, Jacques Neefs, "Le style est vision (Merleau-Ponty et Claude Simon)," in Anne Simon et Nicolas Castin (textes réunis et présentés par), *Merleau-Ponty et le littéraire*, Presses de l'Ecole Normale Supérieure, 1997, pp. 117-131、加國尚志「世界の肉――メルロ＝ポンティとクロード・シモンについての小さな考察」、河出書房新社編『メルロ＝ポンティ――哲学のはじまり／はじまりの哲学』〔KAWADE道の手帖〕所収、河出書房新社、二〇一〇年、一六一―一六七ページ）。なお美学の観点からひとつ付け加えておくならば、メルロ＝ポンティによるこれらの文学論に特徴的なことは、例えばレオナルド・ダ・ヴィンチやゴットホルト・エフライム・レッシングに反対して文学作品の経験が同時的なものであると主張することではなく、知覚における同時性のありようが、文学作品で語られているということである。

（33）Colonna, *op.cit.*, p. 220.

（34）Barbaras, *op.cit.*, p. 238.

（35）*Ibid.*, p. 242.

（36）*Ibid.*, p. 238.

（37）Husserl, "Edmund Husserls Vorlesungen zur Phänomenologie des inneren Zeitbewußtseins," S. 388.

（38）メルロ＝ポンティは「時間的差異化の渦の実定主義的な投射としてのフッサールの図表」（VI284）とも言う。

（39）かぎかっこ内の言葉について『知覚の現象学』の英訳者は、ヴァレリーの詩「海辺の墓地」の詩句を念頭に置いたものではないかという指摘をおこなっている（Maurice Merleau-Ponty, *Phenomenology of Perception*, 10th ed., Colin Smith（trans.）, Routledge, 2000, p. 214.）。ヴァレリーの詩は以下のとおり。Midi là-haut, Midi sans mouvement/ En soi se pense et convient à soi-même…（Paul Valéry, Œuvres, I, Jean Hytier（édition établie et annotée par）, Bibliothèque de la Pléiade, Gallimard, 1957, p. 149.）「天高く「午《まひる》」、「午《まひる》」は　寂然《じゃくねん》として不動《ふどう》、／自《みづか》らの中に　おのれを思索して　おのれに合致する……」（ポール・ヴァレリー「海邊の墓地」『ヴァレリー詩集』鈴木信太郎訳〔岩波文庫〕、岩波書店、一九六八年、二三七ページ）。『知覚の現象学』邦訳者の中島盛夫は英訳者の注について、「ヴァレリーの詩の内容と本書の文章の趣旨とが直接関係するとは思われない」（M・メルロ＝ポンティ『知覚の現象学』中島盛夫訳〔叢書・ウニベルシタス〕、法政大学出版局、一九八二年、八三二ページ）と言うが、ここでの参照源がヴァレリーのこの詩である可能性そのものは否定できない。みすず書房版の『知覚の現象学』訳注においても、この詩への言及がある（第二巻、三七八ページ）。

（40）篠憲二は次のように述べている。「すでに『知覚の現象学』が語っていたように、事物の領野から発してくる志向性が存しており、我々の志向性はいわばその前―志向性に呼応し、それを完成するのである」（前掲『現象学の系譜』一二五ページ）

（41）一九四六年におこなわれたインタビューでも、「身体をもっているかぎりで私は純粋な意識ではなく、身体によってこの世界に関わっているのであり、身体の助けで私は知覚するのである」（P66）と述べている。

（42）『知覚の現象学』での意識と身体、主体と対象といった二元論の残存については、Barbaras, *op.cit.*, pp. 21-36を参照。

（43）*Ibid.*, p. 259.

（44）*Ibid.*, p. 258.

（45）*Ibid.*, p. 261.

（46）*Ibid.*, p. 261.

（47）メルロ＝ポンティにおける「考古学」とは、われわれの生活がそこで営まれ、またもろもろの認識、理念がそこに基づいているところの知覚世界を指す。この概念についてはMadison, *op.cit.*, pp. 153-156 を参照。

（48）『見えるものと見えないもの』で、〈存在〉（Être）と存在（être）の表記の区別は厳密ではない。メルロ＝ポンティは〈存在〉の語に「野生の」「生の」「垂直の」といった形容詞をつけて用いることがしばしばあるが、その用例には次のようなものがある。L'être « sauvage » ou « brut »（VI222）, L'Être brut ou sauvage（VI223）, l'être sauvage（VI232）, l'Être sauvage（VI257）, cet être sauvage ou brut（VI264）, l'Être brut（VI264）. これらの形容詞がつかない場合でも、「彼〔人間：引用者注〕は〈存在〉l'Être の一葉である」（VI295）という文の直後に、「人はすでに世界のうちに、あるいは存在 l'être のうちにある」（VI295）とある。ここで「存在の内なる志向性」という場合の「存在」も、前後の文脈から考えて大文字の〈存在〉を指すものと考えて差し支えないように思われる。

（49）「作動する、あるいは潜在的な」志向性については、『知覚の現象学』（PPxiii, PP478, PP490）や、『シーニュ』所収の「哲学者とその影」（S209）にもある。それは意識の志向性ではなく、身体をもった人間の知覚においてはたらく志向性である。

（50）Carbone, *La visibilité de l'invisible*, p. 124.

（51）*Ibid.*, p. 125.

（52）*Ibid.*, p. 120.

（53）*Ibid.*, p. 116.

（54）*Ibid.*, p. 116.

補論　メルロ゠ポンティの美術論——奥行きと運動における同時性

メルロ゠ポンティはそのキャリアを通じて、一貫して芸術作品を参照している。本論では、ロベール・ドローネーとオーギュスト・ロダンを中心的に取り上げて、メルロ゠ポンティがそれらの芸術家の言葉をどのように解釈しながら自らの美術論を展開しているかを論じる。メルロ゠ポンティとこれらの美術家との関係について論じた先行研究は、筆者が知るかぎりではごくわずかである。(1) だがこの二人についてのメルロ゠ポンティの議論は、ともに同時性の問題に関わっているという共通点をもち、相互補完的な関係にある。そしてこれらの議論の相互補完性は、メルロ゠ポンティ自身の美術論を形成しているものでもある。本論の目的は、これらの美術家が展開していた議論との関係において、また初期の著作との関係も考慮に入れながら、「眼と精神」でのメルロ゠ポンティの美術論の特徴を、時間、とりわけ同時性の観点から明らかにすることである。

まず第1節「ドローネー、ロダンの美術論とメルロ゠ポンティ」では、ドローネーとロダンの美術論の特徴を挙げ、メルロ゠ポンティが「眼と精神」で、どのような仕方でそれらを読み替えているかについて論じる。続いて第2節「『知覚の現象学』での奥行きと運動の時間性」では、メルロ゠ポンティによるドローネー論、ロダン論の背景となっている『知覚の現象学』での奥行きや運動に関する議論を確認する。最後に第3節「メルロ゠ポンティの美術論における同時性」では第1節と第2節を踏まえて、メルロ＝ポンティによるドローネー、ロダンの美術論の解釈の仕方をメルロ＝ポンティ自身の美術論を表すものとして考え、その特徴を明らかにする。その結果、メルロ＝ポンティが『知覚の現象学』以来の時間についての洞察を背景としてそれらの芸術家の著作を解釈しながら、同時性の概念を中心とする独自の美術論を展開していることが明らかになる。

1　ドローネー、ロダンの美術論とメルロ＝ポンティ

ロベール・ドローネーは二十世紀前半のフランスで活動した画家であり、主に抽象絵画の先駆者の一人として知られている。一九五七年、すなわち「眼と精神」の執筆の三年前には、ドローネーが書いた文章を集めた書物が出版されている。メルロ＝ポンティはそこからドローネーの文章を引用しながら、次のように述べている。

> それ〔視覚：引用者注〕だけが、われわれに、様々な、互いに「外的」で、異質な存在が、それでも絶対的に一緒にあること、「同時性」を教えるのだ（略）。ロベール・ドローネーは簡潔に言う。「鉄道は平行線と折り合う継起的なもののイメージである：レールの同等性」。収斂し、収斂しないレール、収斂することでそこに等距離のままであるレール。私のパースペクティヴのもとにあることで私から独立しており、私なしに、世界であるために私にとってある世界。（OE84）

この文章からは、メルロ＝ポンティにとって重要なのは「異質な」ものがともにあることとしての同時性であり、その観点からドローネーの文章を解釈しているとわかる。まず、ドローネーがどのようなことを論じているのかについて確認しておこう。

ドローネーは、一九一二年に執筆した「光」と題する文章で次のように述べている。

〈自然〉における光はもろもろの色彩の運動を作り出す。運動は、不均衡な諸尺度、〔すなわち：引用者注〕〈現実〉を構成する色彩同士の対比の諸関係によって与えられる。この現実は〈奥行き〉を有しており（われわれは星までも見る）、リズミカルな〈同時性〉となる。

光における同時性、それは〈人間の視覚〉を作り出すもろもろの色彩の調和、リズムである。(2)

ここでドローネーが言っているのは、光から生じた色彩が、互いの対比関係によって動きと奥行きがある現実を作り出すということである。それは言い換えれば、人間が見る現実は空間の奥行きの印象を与えるが、この視覚的現実は「色彩同士の対比」によって生じているということである。ドローネーは、色彩の「同時的・補色的対比」(3)とも言っている。このように言うとき、ドローネーは主にミシェル＝ウジェーヌ・シュヴルールの色彩理論を念頭に置いている。シュヴルールは一八三九年に『色彩の同時的対比の法則について』を発表し、ウジェーヌ・ドラクロワやジョルジュ・スーラなどの画家に影響を与えた。(4)シュヴルールが言う色彩の同時的対比とは、例えば二つの色が隣り合って置かれている場合に、一方は他方の領域に自らの補色を生じさせ、このことによって、この二つの色が、離れて置かれている場合とは異なって見えるということである。ドローネーはこの色彩理論を拡大解釈し、人間が知覚する現実の全体が光から生じた色彩同士の対比によって形作られると考えるのである。(5)

ドローネーは、このような視覚経験を聴覚経験と対比させている。

聴覚的知覚はわれわれが〈宇宙〉を認識するのに十分ではない。それは奥行きをもっていない。

その運動は継起的であって、一種の機械装置であり、その法則は機械仕掛けの置時計の時間である。この時間は、聴覚的知覚と同様に、〈宇宙〉における視覚的運動の、われわれによる知覚とは何の関係もない。（略）鉄道は、平行線と折り合うこの継起的なもののイメージである：〈レール〉の同等性。[6]

視覚的知覚は一挙に奥行きを知覚するが、聴覚的知覚は時間を追って進行する知覚であり、奥行きを捉えることができない。いまの引用の最後に鉄道についての言及があったが、ドローネーは、一九一三年に書かれた別の文章でもこの例を挙げている。

記述的あるいは図説的なものの反対物としての芸術や表象。芸術というのはどれも、型にはまった、継起的なものではないのだから（一九一三年に『シュトルム』に載った、〈光〉についての覚書）

デッサン、幾何学そのほかもろもろの継起的なもの。

例：鉄道は平行線と折り合う継起的なもののイメージである：レールの同等性。[7]

メルロ＝ポンティが「眼と精神」で引用していたのはこの文章からである。ここでドローネーがおこなっているのは、芸術における継起的なものへの批判である。デッサンや幾何学はどちらも線を連続的に引いていくものであることから、継起的なもののうちに数えられている。ドローネーは、色彩を中心として視覚の同時性を主張する立場から、線を主要な手段として作品に用いることを批判している。彼は、「線、それは限界である。色彩は（パースペクティヴ的でなく、継起的でなく、同時的な）奥行き、そしてその形態とその運動を与える」[8]とも言う。ここでは、「継起的」ということが、「パースペクティヴ的」であること、そして「線」と関連づけられている。ドローネーは、線遠近法によって奥行きを表す絵画を批判しているのである。[9]

このように見てくると、ドローネーにとって鉄道のレールは否定的な意味をもつものであることがわかる。「平行線と折り合う継起的なもの」ということの意味は次のようなことであると考えられる。すなわち、平行の

図5　ロベール・ドローネー《街に面した窓 第1部、第2モチーフ》1912年、油彩、厚紙、39×29.6センチ　所在不明
（出典：Robert Delaunay, *Robert Delaunay: 1906-1914, de l'impressionnisme à l'abstraction: Exposition Presentée au Centre Georges Pompidou,* Centre Georges Pompidou, 1999,p. 173.）

二本の線がまさに平行のものとして見えるのは、それらの線が属している平面に対してまなざしが直角に向かう場合であり、その場合に、見る者はその二本の線を一挙に見る。しかし鉄道のレールが遠くに伸びていくのを見る場合には、二本のレールは地平線に向かって収斂するように見えるだろう。そしてそれらのレールを手前から遠くへと見ていく場合には、その知覚は継起的である。人は鉄道の二本のレールが収斂するのを見て、平行の二本のレールが伸びていくものとして知覚する。画家は線遠近法を用いて、二本のレールが収斂するように描く。その作品を見る者は、収斂するように描かれた線を継起的に目でたどりながら、それを平行の二本のレールとして見る。ドローネーはこのような方法を用いる絵画を否定し、色彩の関係だけによって奥行きの印象を与えることを目指すのである（図5）。だがメルロ＝ポンティはドローネーからの引用をおこないながら、このレールの例をむしろ肯定的に捉えている。メルロ＝ポンティがドローネーに対してこのような読み方をするその背景については第2節で論じることにし、次にロダンの美術論をメルロ＝ポンティがどのように利用しているかを見てみよう。なぜなら、そこにもやはり同時性についての思考が見られるからである。

　メルロ＝ポンティはドローネーの文章を引用しながら「異質な存在がそれでも絶対的に一緒にあること」としての「同時性」（OE84）について語っていたが、これに類似したことを彼はロダンについても述べている。

ロダンが言うところによれば、運動を与えるのは、腕や脚、胴体、頭部のそれぞれが別の瞬間に捉えられたイメージであり、したがって、どんなときにもとったことがない姿勢で身体を描き出し、その諸部分の間に虚構的な接合を課すイメージである、あたかもこの共存不可能なものの突き合わせが、それだけが、ブロンズやキャンバスに移行や持続を生じさせることができるかのように。（OE78-79）

メルロ＝ポンティは「眼と精神」のこの部分で、絵画や彫刻が、それ自体は動かないものであるのに、そこに描かれたものや彫刻されたものが運動しているかのような印象を与えることについて論じている。いまの引用でメルロ＝ポンティがまとめるところによれば、ロダンが言っているのは、腕や脚、胴体のそれぞれが別々の瞬間に捉えられていながら、それでも一つの人体をなしているような作品こそが、その人体の運動の印象を与えることができるということである。まず、ロダンのこうした議論がどのような文脈でおこなわれているのかについて確認しておこう。

ロダンは、十九世紀前半に活動した彫刻家フランソワ・リュードの作品《ネイ元帥》（図6）について、次のように語っている。

そのときあなたは次の事に気づくでしょう。元帥の脚と、サーベルの鞘を持つ手は、彼がサーベルを抜いたときにとっていた姿勢で配置されています。すなわち、左脚は脇にどいて、武器が、それを抜きにくる右手に、より容易に差し出されるようにし、左手は、まだ鞘を差し出しているかのように少し宙に浮いています。

今度は上半身を見てください。私がいま描写した姿勢をとった瞬間には、上半身は左に軽く傾けられていたはずです。しかし上半身は立ちなおり、胸は膨らみ、兵士たちへと向けられている頭部は攻撃の命令を叫んでいて、最後に、右腕は上がりサーベルを振り上げています。[10]

図6　フランソワ・リュード《ネイ元帥記念碑》1853年、ブロンズ、266センチ、パリ、オプセルバトワール広場
（出典：*François & Sophie Rude : Un couple d'artistes au XIXe siècle, citoyens de la Liberté,* Somogy éditions d'art, 2012, p. 167.）

この彫刻は、ネイ元帥がサーベルを振り上げて兵士たちに号令を出す場面を表したものである。左脚をやや後ろに引き、左手にはサーベルの鞘を持ち、右手はサーベルを頭上に掲げている。ロダンが語るところによれば、この彫刻の下半身と上半身は、ネイ元帥の動作の別々の瞬間を表している。下半身はサーベルを抜いた瞬間の姿勢であり、上半身はサーベルを掲げて兵士たちに呼びかけている瞬間の姿勢である。このことに関するかぎりでは、メルロ＝ポンティはロダンが語ることに対して忠実である。つまり、一人の人物を表した彫刻が、互いに相いれない別々の瞬間に属する部分を組み合わせることによってできあがっているのである。

だが、ロダンが次のように語るのを読むと、メルロ＝ポンティがロダンの言葉を借りて論じているのとは少し違う印象を受ける。

これこそが、芸術が描き出す様々な身ぶりの秘密の全てです。いわば、彫像作家は観客に、ある人物を通してある行為の展開をたどるように強いるのです。われわれの選んだ例では、目は必然的に脚から、上げられた腕へと上っていくのであり、その道筋を通じて目は、彫像の異なった部分が継起する諸瞬間において表わされていることを見いだすのだから、運動が実現するのを見るような錯覚を覚えるのです。(11)

彫刻によって人体の運動を感じさせるために彫刻家がとる手段は、運動の開始から終わりまでを一つの人体に統合すること、それも彫刻のある部分から別の部分へと順番に、この運動の過程をあてはめていくことである。そして観客は、この順番どおりにある部分から別の部分へと順に見ていくことによって、運動の印象を受けることができる。

だがメルロ＝ポンティは、ロダンの議論の鑑賞の時間の継起的連続性という論点を切り捨てている。メルロ＝ポンティにとって重要なのは、互いに矛盾しているものがともに全体を形成していることによって運動の印象が生じるということである。このようにメルロ＝ポンティは、ロダンの議論のうち、一部だけを切り出してくることによってそれを違う意味へと変化させているのである。

運動の印象という問題については、メルロ＝ポンティは「眼と精神」のなかのロダンの議論についての紹介のすぐ後に位置する文章で、次のように述べている。

ある運動の、それだけが成功しているスナップ写真とは、たとえば歩く人間がその両脚が地面に着いている瞬間に捉えられたときに、この矛盾した配置に迫っている写真である。というのも、そのとき身体の時間的遍在性がほとんど手に入れられているのであって、この遍在性が、人間が空間をまたぎ越すようにさせているのである。(OE79)

写真が歩いている人物の運動の印象を与える唯一の仕方は、その人物がいかにも歩いているというような瞬間ではなく、歩いているのではあるが、両脚が地面についている瞬間に撮影するということである。写真についてのメルロ＝ポンティのこの見解も、ロダンの議論をもとにしている。

図7　オーギュスト・ロダン《説教する洗礼者ヨハネ》1880年、ブロンズ、203×71.7×119.5センチ
（出典：フランス国立ロダン美術館監修『ロダン事典』小倉孝誠／市川崇／嵩聡子／玉村奈緒子／田中孝樹訳、淡交社、2005年、186ページ）

いいですか、たとえば、私の《説教する洗礼者ヨハネ》は、両脚が地面についた状態で表されていますが、同じ運動をしているモデルを写したスナップ写真では、後ろの脚はすでに上がって、前の脚へと向かっているでしょう。あるいは逆に、写真のなかで後ろ脚が私の彫像と同じ位置を占めていたら、前の脚はまだ地面についていないでしょう(12)。

ロダンは《説教する洗礼者ヨハネ》（図7）と、同じ動作をしている人物を写真に撮った場合とを比較している。ここで彼が言っているのは、自分が作った彫刻は、一人の人物が別々の瞬間にとった姿勢を組み合わせたものであり、同じ動作をする人物を撮影した写真があるとするならば、それは全く別々の瞬間に撮影した複数の写真になるだろうということである。それは決してメルロ＝ポンティが言うような、歩く人物の両脚が地面に触れた瞬間の写真ならば運動の印象を与えられるということではない。ここでもメルロ＝ポンティはロダンが言っていることに変更を加えているのである。

2 『知覚の現象学』での奥行きと運動の時間性

なぜメルロ＝ポンティは、このような仕方でドローネーやロダンを読み替えるのだろうか。この背景には、『知覚の現象学』の「空間」の章の、奥行きや運動についての議論がある。そこで彼は、鉄道レールの例と非常に似たことを論じている。

> 私が地平線へと遠ざかっていくある道路を見るとき、道路の両端は収斂するものとして私に与えられていると言ってはならないし、それらは平行なものとして私に与えられていると言ってもならない。そうではなく、それらは奥行きにおいて平行なのである。(PP301-302)

道路の両端が網膜には収斂するものとして映るという考え方も、道路の両端が平行なものとして思考されるという考え方も知覚のありようを捉えておらず、知覚されるがままの道路を言い表すとすれば、道路は「奥行きにおいて平行」というあり方をしていると言わなければならない。メルロ＝ポンティがドローネーから鉄道レールの例を借りるとき、彼の念頭にこの道路の例があったことは間違いないだろう。彼がこのように道路について論じるのは、次のような奥行き論の一環としてである。

> もろもろの現れを修正し、鋭角あるいは鈍角に直角という値を与え、変形された面には正方形という値を与える行為は、等しさという幾何学的諸関係や、それらの関係が属する幾何学的存在についての思考ではない。それはこの対象に浸透し、それを活気づけ、横の面をただちに「斜めから見られた正方形」として価値づけ

る私のまなざしによる対象への備給であって、われわれはそれらの面をひし形というパースペクティヴ的な様相のもとにさえ見ないほどである。互いに排除し合う諸経験への、しかしこの同時的な現前、ひとつの経験のほかの経験へのこの含み込み、可能なプロセス全体の、ただひとつの知覚行為への縮約、これらが奥行きの独自性をなすのである（略）。（PP306）

これは立方体を見る経験についての文章である。斜めから立方体を見る場合、視覚を一種の投影として考えるならば、横の面はひし形のように見え、その角は鋭角ないし鈍角となっているはずである。しかし実際には、斜めから立方体を見るときには、ひし形の面と鋭角や鈍角をもつ立体としてではなく、正方形の面をもち、全て等しい角度の角をもつ立体としてそれを見る。これは思考によって立方体のあるべき性質を考え、ひし形や鈍角を修正しているのではなく、見ることそのものにおいてすでに対象を立方体として見ているのである。このことをメルロ＝ポンティは時間の問題として論じている。斜めから見ているという、いまここでの視覚のうちに、それとは両立しない別の角度からの視覚が潜在的に含まれていて、そのことによって対象は立方体として見え、横の面は、奥行きのなかにあって「斜めから見られた正方形」として見られるのである。

風景の奥行きの知覚も、同じ構造をもっている。

空間的地平を伴った私の知覚野を介して、私は私の周囲に現前しており、私は彼方に広がるほかの全ての風景と共存している。そしてこれら全ての眺望は一緒に唯一の時間の波、世界の一瞬を形成している。時間的地平を伴った私の知覚野を介して、私は私の現在や、それに先行する過去全体、そしてある未来へと現前している。そしてまた、この遍在性は現実的なものではなく、明らかに志向的なものでしかない。私が見ている風景はたしかに丘の背後に隠れているものの姿を私に告げることができるが、それはある程度の曖昧さにおいてでしかない。ここには牧場があり、あそこにはおそらく林があるだろう（略）。（PP381-382）

この引用でメルロ＝ポンティが言っているのは、遠く離れた場所、いまここからは見えない場所でさえも、私のいまここでの知覚に、いまではない別のときに見られうるものとして関わっているということであり、そのことを彼は遍在性という言葉で語っているのである。道路の奥行きの例は、このような奥行き論の枠組みで持ち出されているのであり、地平線に向けて収斂する道路の視覚のうちには、その道路についての別の可能な視覚が潜在的に含まれている。こうした議論がメルロ＝ポンティのドローネー論の背景にあるのである(13)。

他方で、メルロ＝ポンティのロダン論は運動に関わるものであり、そこでも遍在性がひとつのキーワードになっていた。彼は運動についても『知覚の現象学』の同じ「空間」の章で論じていて、しかも、ここでも遍在性の語を用いている。

たとえば、私の庭を横切る鳥は、運動の瞬間そのものにおいては飛び去っていくある灰色がかった力でしかないのであり、一般的に言えばわれわれは、もろもろの物が、静的な「諸属性」によってではなく、まずはそれらの「行動」によって定義されるということがわかるだろう。横切られたもろもろの地点と瞬間のそれぞれにおいて、明確な特徴によって定義された同じ鳥を認識するのが私だというのではない。その運動の統一をなすのは飛びつつある鳥であり、移動するのはこの鳥であり、彗星が尾を引いているように、一種の遍在性のうちで、すでにあそこにいるのは、いまだここにいる羽の騒ぎなのである。（PP318）

運動の軌跡を分割しそのそれぞれの鳥を認識するという仕方では、運動そのものは捉えられない。メルロ＝ポンティが言うのは、鳥の飛翔運動はまず運動として捉えられるべきであるということである。いまの文章のなかで重要なのは、鳥の運動が語られるときに、それが遍在性の語とともに語られているということである。そして、この遍在性は時間と空間の両方に関わる。そのことは、この文章に続いてメルロ＝ポンティが述べていることを読むとわかる。

前―客観的存在、非措定的な動くものは、われわれがすでに語った、互いに関わり合っている空間と時間以外の問題を提出しない。われわれは、空間の諸部分は、幅、高さや奥行きに従って並置されているのではなく、われわれの身体の世界に対するただひとつだけの把握のなかにみな含まれているからこそ共存するのだと述べたのであり、われわれが、この関係は空間的である以前に時間的であることを示したときに、この関係はすでに解明されたのである。諸物は、知覚をおこなっている同じ主体に現前し、同じ時間の波に含まれているからこそ、空間のなかで共存する。だがそれぞれの時間的な波の統一性と個別性が可能となっているのは、この波が先行するものと後続するものとの間に挟まれ、この波を湧き出させる同じ時間的拍動がいまだ先行するものを把持し、後続するものを予持しているからこそである。(PP318)

ここでメルロ＝ポンティは、運動を、奥行きについて論じるのと同じ仕方で、つまり時間と空間の連動したあり方から捉えている。運動において鳥は、いまここにいながら、すでにあそこにいるものとして捉えられている。より正確に、時間的構造の点から言えば、いまここの鳥の知覚のうちに、その鳥の近い未来、すなわちここから離れたあそこにいる鳥の知覚が潜在的に含まれている。この時間的構造によって、ここからあそこへとまさに飛びつつある鳥の運動の知覚が可能になるのである。ロダンに関連して運動を語るときのメルロ＝ポンティの背景には、運動の知覚についてのこのような議論があったのである。この点からすると、彼がロダンを取り上げることによって伝えようとしたことは、現在のうちに過去や未来が含まれるという時間性によってこそ運動が実現し、知覚されるということだったと考えられる。

このように、「眼と精神」でのドローネーとロダンの解釈は、ともに『知覚の現象学』の「空間」の章の、時間と空間の連動したありようについての議論を背景とする点で相関的であり、そのうち奥行きに関する部分がドローネー解釈に、運動に関する部分がロダン解釈につながっているのである。

3　メルロ＝ポンティの美術論における同時性

では、「眼と精神」でドローネーとロダンについての解釈をおこなうことによって、メルロ＝ポンティはどのような美術論を展開しているのだろうか。

ドローネーが挙げる鉄道のレールの例をパラフレーズしながら、メルロ＝ポンティは、「私のパースペクティヴのもとにあることで私から独立しており、私なしに、世界であるために私にとってある世界」（OE84）と言っていた。一九六〇年の後半におこなわれたコレージュ・ド・フランスでの講義でメルロ＝ポンティは、「同時性はわれわれがそれでないものへの開けである」（NC174）と言い、そこにつけた注で、再びドローネーが挙げる鉄道の例を引いて、「「鉄道は平行線と折り合う継起的なもののイメージである」（R・ドローネー）。同時性、それは共存不可能なものの共存であり、非遠近法主義である」（NC174）と言う。「共存不可能なものの共存」としての同時性とは、第2節で見た『知覚の現象学』の議論にあったように、メルロ＝ポンティ自身が奥行きの知覚の構造として論じているものにほかならない。したがって、ここでメルロ＝ポンティが「私から独立」したものとか「われわれがそれでないもの」と言っているのは、具体的には奥行きをもつものとして知覚される事物のことである。レールは遠ざかるにしたがって収斂して見える。だがそれは単に私にとって収斂して見えるということではなく、私から遠ざかる平行なものが私の前にあるということである。メルロ＝ポンティはドローネーの美術論を、奥行きについての自分の思想を盛り込むことができるものとして考えているのである。

そしてこの同時性という知覚のあり方は、知覚をおこなうのがまさに身体であることによって可能になる。「眼と精神」の執筆時期を挟んで書かれていた『見えるものと見えないもの』で、メルロ＝ポンティは次のように言っている。

視点を変えることの可能性、「見る機構」あるいは「視点」の沈澱した知としての私の身体の機能が、先ほどもっと遠くから見ていたその同じ物に私が近づいているのだということを私に保証する。(VI59-60)

いまここにいる身体は、別の視点をとる可能性をもっている。ロダン論で注目されていた身体の「時間的遍在性」とは、この「視点を変えることの可能性」としての身体がもつあり方のことである。なぜなら「視点を変えることの可能性」としての身体とは、すなわち運動する身体にほかならないからである。現在の身体の姿勢のうちには、その身体が運動でとる前後の時間も含まれている。この「視点を変えることの可能性」としての運動する身体によって知覚されているからこそ、いまここからの視覚と、別の潜在的な視覚とが同時的でありうる。そして、それらの互いに矛盾する視覚が、奥行きの知覚の成立に寄与するのである。メルロ＝ポンティのドローネー解釈は、奥行きがどのようなあり方で知覚されるのかという問題に関わり、ロダン解釈は、そうした奥行きの知覚の前提となる身体の運動に関わるものだったのである。そして奥行きと運動の両者の根幹をなす時間のあり方が、同時性なのである。メルロ＝ポンティの美術論の特徴は、運動する身体による奥行きの知覚における共存しえないものの同時性を主張した点にある。メルロ＝ポンティにとって美術作品とは、このような同時性のありようを見せてくれるものなのである。[14]

注

(1) メルロ＝ポンティのロダン論に関しては、横山奈那「「眼差し」と「時間」――メルロ＝ポンティ絵画論の射程」(岩波書店編「思想」二〇〇八年十一月号、岩波書店)を参照。ドローネーに関しては加國尚志「ぼろ布、螺旋、渦巻――後期メルロ＝ポンティの自然観概説」(「現代思想」二〇〇八年十二月臨時増刊号「総特集 メルロ＝ポンティ身体論の深化と拡張」、青土社）、および加國尚志「モンタージュ、同時性――メルロ＝ポンティにおける不在のイマージュ論に向けて」（日仏哲学会編集委員会編「フランス哲学思想研究」第十五号、日仏哲学会、二〇一〇年）に言及がある。

（2）Delaunay, *Du cubisme à l'art abstrait*, p. 146.

（3）*Ibid.*, p. 126.

（4）Michel Eugène Chevreul, *De la loi du contraste simultané des couleurs et de l'assortiment des objets colorés*, Pitois-Levrault, 1839.（M・E・シュブルール『シュブルール色彩の調和と配色のすべて』佐藤邦夫訳、青娥書房、二〇〇九年）。ただしこの邦訳は、英訳からの重訳である。

（5）ここでドローネーの芸術論とシュヴルールなどの色彩論の関係について詳述する余裕はないが、この問題に関する文献としては、以下を参照のこと。Max Imdahl, "Delaunay's Position in History," in Gustav Vriesen and Max Imdahl, *Robert Delaunay: Light and Color*, Harry N. Abrams, 1967, Sherry A. Buckberrough, *Robert Delaunay: The Discovery of Simultaneity*, UMI Research Press, 1982, Georges Roque, "Les vibrations colorées de Delaunay: Une des voies de l'abstraction," in *Robert Delaunay: 1906-1914: De l'impressionnisme à l'abstraction*, Exh. cat., Centre Georges Pompidou, 1999、加藤有希子「回転と飛躍――R・ドローネーの作品変遷にみる近代色彩調和論の一系譜」、三田芸術学会編「芸術学」第八号、三田芸術学会、二〇〇四年

（6）Delaunay, *Du cubisme à l'art abstrait*, pp. 146-147.

（7）*Ibid.*, p. 110.

（8）*Ibid.*, p. 110.

（9）ドローネーは、印象派やキュビスムは、イタリア的伝統の線的絵画への批判という歴史的意義をもっていたと述べている（*Ibid.*, p. 117.）。

（10）Auguste Rodin, *L'art: Entretiens réunis par Paul Gsell*, Grasset, 1911, pp. 77-78.

（11）*Ibid.*, pp. 78-79.

（12）*Ibid.*, p. 85.

（13）本論では論の構成上、ドローネーによるレールの例についての議論をメルロ＝ポンティがどのように解釈しているかという点に着目したが、絵画の色彩と線という対比についても、メルロ＝ポンティの立場からの説明は可能なはずである。一九五三年度のコレージュ・ド・フランスでの講義のノートでメルロ＝ポンティは、美術史家ハインリヒ・ヴェルフリンが『美術史の基礎概念』（一九一五年）でルネサンス絵画とバロック絵画の様式上の対比項のひとつとして提唱した「線的」「絵画的」という対概念を用いながら、絵画作品における運動について論じている（Maurice Merleau-Ponty, *Le monde sensible et le monde de l'expression: Cours au Collège de France, Notes 1953*, Emmanuel de Saint Aubert et Stefan Kristensen（texte établi et annoté par）, MētisPresses, 2011, pp. 167-168.）。そこには「タブロー全体の振動」（*ibid*., p. 167）や「真に色彩がデッサンなら、デッサンは色彩である（セザンヌ）」（*ibid*., p. 168）という記述も見られ、この講義のこの部分が初期の「セザンヌの懐疑」を引き継ぐものであることや、この関心が晩年のドローネーへの注目につながっていることがわかる。さらに同じ箇所で、メルロ＝ポンティはロダンの名を挙げながら運動について論じていて（*ibid*）、その点からもこの講義が「眼と精神」につながる性格をもつものであることが理解できる。

（14）メルロ＝ポンティの同時性の概念とドローネーの絵画論の関係については、前掲「モンタージュ、同時性」が本論とは違った視点から論じている。加國の論文はメルロ＝ポンティの同時性概念を彼の初期の映画論からの流れで捉えていて、本書に欠けている視点を含んでいる。

結論

以上、メルロ＝ポンティの思想の奥行きと同時性の両概念を中心に、彼の思想の変化、そこに見いだされる意義について論じてきた。本書の議論のおおまかな流れを最後に振り返っておこう。

メルロ＝ポンティの初期の『行動の構造』『知覚の現象学』で、奥行きと同時性の概念は二つの用い方をされていた。まず第一に奥行きは、対象がもつ、知覚主体との関係での距離のことである。知覚対象は、知覚者に対して一定の奥行きをもつものとして一挙に知覚される。それは、過去や未来にその対象についておこなわれる視覚が、いま現在の視覚において同時的に共存しているために生じる知覚である。他方でメルロ＝ポンティには、ヘーゲルに由来する奥行きの概念がある。『行動の構造』と『知覚の現象学』で、この語は、現在の経験のうちに過去の経験が残存し、新たな全体のなかでの意味を与えられながら保持されていることを示している。このヘーゲル的意味での奥行きは、知覚の時間過程についても言われている。現在の知覚は、これに先立つ知覚過程のもろもろの瞬間を、その奥行きのうちに含んでいる。そこから、二つの意味での奥行きが互いに連関することになる。すなわち、現在の知覚経験が、過去の知覚経験という奥行きをもつことで、眼前の対象が空間的な奥行きをもって知覚されるのである。

このヘーゲル的意味での奥行きの概念が、一九五〇年代前半の制度論に流れ込む。そこでメルロ＝ポンティが言う制度とは、ある行為がもたらす結果のことである。それは、後に続くほかの行為の基盤となり、かつそうしたほかの行為によって、未来のほかの諸行為を呼びかけていたもの、準備していたものとしての新たな意味を与えられる。人生のある時期に抱いた感情は、のちに同種の感情が抱かれたときに、後者の感情を準備していたものとしての位置づけを与えられる。ある絵画作品の一部に用いられていた筆使いとしての様式は、のちの絵画作品の出現によって、その様式をもっていたものとして新たにクローズアップされ、それら過去の絵画と新しい絵画は、相互的な関係のうちに位置づけられる。言語の領域でも、過去の哲学は新たな哲学によって新たな全体の部分としての位置を与えられる。これらの制度、とりわけ感情と言語の領域の制度では、現在のものは過去の行為の結果に、自らに先行するものとしての意味を与えながら、それを自らのうちに奥行きとして同時的に含んでいる。

さらにこの制度概念が、一九五〇年代後半の講義で、〈自然〉、〈存在〉の概念に組み込まれる。メルロ＝ポンティは「自然」講義で過去の哲学者による自然概念の歴史を振り返っている。そのなかのシェリング論では、現在の見える世界の源としてその過去でありながらも存続している自然、〈存在〉としての「野生の原理」が、反省に先立ち、その根底に見いだされる知覚世界として論じられる。同講義のベルクソン論では、〈存在〉としての持続において現在は過去を含んでいるということが、よりはっきりと制度の議論と結び付けられている。また芸術や哲学における今日的な思想状況を確認することによって自らの新たな哲学思想の位置づけを狙った、五八年度の「今日の哲学」講義のハイデッガー論では、制度論的な枠組みをより明確に〈存在〉の概念に結び付けている。このように、五〇年代前半の制度論から、後半の〈自然〉、〈存在〉の概念を思想史のうちに探る作業に至るまで、メルロ＝ポンティの思考を導いていたのは、ヘーゲルに由来する、現在のうちに含まれる過去としての奥行きの概念であった。

一九五〇年代末に形成されるメルロ＝ポンティの思想では、制度と〈自然〉、〈存在〉のそうした結び付きが、再び知覚の問題として捉えなおされることになる。ここで、空間的な意味での奥行きが、新たな意味合いをもって登場してくる。「眼と精神」では、知覚されているものは、現在の視覚がいま見えていない視覚を同時的に含むことで、いま、眼前にまさに「ある」ものとして現れるとされる。そしてこの眼前のものがもつ嵩が奥行きであるとされ、高さ・幅・距離はこの奥行きから抽象されたものであると言われる。さらに『見えるものと見えないもの』では、奥行きのなかには知覚している者自身も含まれるとされる。そこには肉の概念が関わっている。肉とは見るものであるとともに見られるものでもあるような「感じることができるもの」である。人間の身体も見えるものでありかつ見るものである点では肉であり、世界もやはり肉である。知覚において、見られているものは見ている者の身体と同じように肉であり、両者は肉としてつながっている。過去、未来、よその知覚、肉を含む〈存在〉の全体を奥行きとして成立する現在の知覚において、眼前のものは、嵩、すなわち奥行きをもったものとして現れる。

このように、『知覚の現象学』でも晩年の諸著作でも、二重の意味での奥行きと同時性の概念の絡み合いでメルロ＝ポンティの思想は成立している。しかしそこには変化が見られる。『知覚の現象学』では奥行きは、身体の運動可能性と時間性に基づいて、身体としての主体を起点として考えられるものであった。したがってそれは、身体を基軸、中心とした奥行きである。さらにこの身体の背後には意識が想定されている。そうだとすれば奥行きは、意識を中心にして組み立てられた世界のあり方、時間のあり方のなかで考えられる。それに対して晩年のメルロ＝ポンティの思想では、奥行きは距離ではなく、身体をも含む。このことは、知覚者の身体を中心から追いやるものである。そして見ることは肉という可視性の領野で見る者を貫くように生じることである。これによって意識の哲学は排される。このようにして、メルロ＝ポンティの奥行き、同時性の概念の変化、そしてその変化を通して形成された〈存在〉の概念の成立は、彼の思想の、意識の哲学からの脱却の過程を示しているのである。

本書には積み残された課題が多くある。そのひとつは、奥行きと同時性の概念を追い、それを通して〈存在〉の構造を問うという問題の立て方をしたために、芸術を議論の中心に置くことができなかったということである。メルロ＝ポンティが芸術を自らの哲学にとっての参照項や例証としていたことは確かだし、だからこそ本書でも、彼が奥行きや同時性の概念を論じるにあたってどのように芸術を参照しているかという点に留意した。だが、彼の芸術論にはそれにとどまらない要素もある。「眼と精神」に見られるイメージ論、また類似に関する議論でのタブローがもつ力の強調は、サルトルとの比較で独自の絵画論として捉えられるべきものである。

また本書第1章の注（7）で触れたように、メルロ＝ポンティの奥行き論は彼よりもずっと後の世代の美術理論家であるジョルジュ・ディディ＝ユベルマンの美術論で重要な参照項として取り上げられている。よりメルロ＝ポンティに近い時代では、『知覚の現象学』の奥行き論を含む空間論はアメリカのミニマル・アートやその周辺の美術家や批評家によって参照されている。本書で取り上げた奥行き、同時性の議論が、のちの時代の理論や実践の場でどのように読まれ、どのような影響を及ぼしたかを考察することもひとつの重要な課題として考えうるだろう。

さらに本書の延長線上で、思想史のなかにメルロ＝ポンティを位置づけなおすことも必要になる。本書ではメルロ＝ポンティの同時性の問題を扱ったが、この問題は二十世紀初頭から後半にかけてのフランスの芸術や思想でかなりの広がりを見せていたものである。この広がりを総体として、組織的に扱った研究は筆者の知るかぎりではいまだなされていない。なぜ古代ギリシャにまでさかのぼるこの問題が二十世紀によみがえったのか、その必然性と意義はどのようなものだったのか、そしてそのなかでメルロ＝ポンティはどのような位置にあるのかという大きな問題が残されている。

またさらに、同時性の問題に関して言及した共存不可能性の概念については、本書ではわずかにしか触れることができなかったが、おそらくは「無限」の概念とともに、スピノザやライプニッツとの関係でメルロ＝ポンティの思想を根本の部分で捉えなおすことにつながるはずである。

本書は、ささやかなものではあるが、こうした多方面の展開の可能性を開くものでもある。今後の研究の進展によって、これらの課題に少しでも取り組んでいくことができればと考えている。

初出一覧

以下に、本書のもとになった雑誌掲載論文を挙げる。ただし、もとの論文を解体して本書の各所に配置し、さらに大幅に改稿している場合が多いので、雑誌掲載論文とともに本書の該当箇所を記す。

「メルロ゠ポンティの思想における絵画の様式と歴史性」、美学会編「美学」第二百二十号、美学会、二〇〇五年（第2章第2節、第2章第3節）

「シェリングとメルロ゠ポンティ――「野生の原理」と知覚の時間性」、シェリング年報編集委員会編「シェリング年報」第十四号、日本シェリング協会、二〇〇六年（第3章第1節）

「「奥行き」における「同時性」――メルロ゠ポンティの時間論の展開」、美学会編「美学」第二百二十九号、美学会、二〇〇七年（第1章第1節、第4章第2節、第5章第3節、第5章第4節）

「メルロ゠ポンティの絵画論――「志向的形象の魔術」としての視覚と「タブローの持つ力」」、東京大学大学院人文社会系研究科・文学部美学芸術学研究室編「美学芸術学研究」第二十六号、東京大学大学院人文社会系研究科・文学部美学芸術学研究室、二〇〇八年（第4章第1節、第4章第3節）

「メルロ゠ポンティの美術論――奥行きと運動における同時性」、東京大学大学院人文社会系研究科・文学部美学芸術学研究室編「美学芸術学研究」第二十八号、東京大学大学院人文社会系研究科・文学部美学芸術学研究室、二〇一〇年（補論）

参考文献

穴沢一夫「ロベール・ドローネーの芸術と芸術論」、東京国立近代美術館編『ドローネー展――ロベールとソニア』所収、東京国立近代美術館、一九七九年（ページづけなし）

Barbaras, Renaud, *De l'être du phénomène: Sur l'ontologie de Merleau-Ponty*, J. Millon, 1991.

Barbaras, Renaud, *Le tournant de l'expérience: Recherches sur la philosophie de Merleau-Ponty*, J. Vrin, 1998.

Barbaras, Renaud, "L'ambiguïté de la chair: Merleau-Ponty entre philosophie transcendantale et ontologie de la vie," in Marie Cariou, Renaud Barbaras et Etienne Bimbenet (textes réunis par), *Merleau-Ponty aux frontières de l'invisible*, Mimesis, 2003.

ボードレール、シャルル「エドガー・ポーに関する新たな覚書」『ボードレール批評』第三巻、阿部良雄訳（ちくま学芸文庫）、筑摩書房、一九九九年

ベンヤミン、ヴァルター「ボードレールにおけるいくつかのモティーフについて」『ベンヤミン・コレクション1 近代の意味』浅井健二郎編訳、久保哲司訳（ちくま学芸文庫）、筑摩書房、一九九五年

バークリ、ジョージ『視覚新論 付・視覚論弁明』下條信輔／植村恒一郎／一ノ瀬正樹訳、勁草書房、一九九〇年

Bergson, Henri, *Œuvres: Edition du centenaire*, André Robinet (textes annotés par), Presses universitaires de France, 1959.（アンリ・ベルクソン『物質と記憶』合田正人／松本力訳〔ちくま学芸文庫〕、筑摩書房、二〇〇七年、同『創造的進化』真方敬道訳〔岩波文庫〕、岩波書店、一九七九年、同『思想と動くもの』河野与一訳〔岩波文庫〕、岩波書店、一九九八年）

Buckberrough, Sherry A., *Robert Delaunay: The Discovery of Simultaneity*, UMI Research Press, 1982.

Burke, Patrick, "Creativity and the Unconscious in Merleau-Ponty and Schelling," in Jason M. Wirth (ed.), *Schelling Now: Contemporary Readings*, Indiana University Press, 2005.

Bonan, Ronald, *Premières leçons sur l'esthétique de Merleau-Ponty*, Presses universitaires de France, 1998.

Bonan, Ronald, *Le problème de l'intersubjectivité dans la philosophie de Merleau-Ponty: La dimension commune volume 1*, L'Harmattan, 2001.

Carbone, Mauro, "Le sensible et l'excédent: Merleau-Ponty et Kant," in Maurice Merleau-Ponty, *Notes de cours sur L'origine de la géométrie de Husserl: suivi de Recherches sur la phénoménologie de Merleau-Ponty*, Renaud Barbaras (sous la direction de), Presses universitaires de France, 1998.（マウロ・カルボーネ「可感的なものと剰余――メルロ＝ポンティとカント」伊藤泰雄訳、モーリス・メルロ＝ポンティ『フッサール『幾何学の起源』講義 付・メルロ＝ポンティ現象学の現在』所収、加賀野井秀一／伊藤泰雄／本郷均訳〔叢書・ウニベルシタス〕、法政大学出版局、二〇〇五年）

Carbone, Mauro, *La visibilité de l'invisible: Merleau-Ponty entre Cézanne et Proust*, G. Olms, 2001.

Carbone, Mauro, “Flesh: Towards the History of a Misunderstanding,” *Chiasmi International*, 4, 2002.

Carbone, Mauro, *The Thinking of the Sensible: Merleau-Ponty’s A-Philosophy*, Northwestern University Press, 2004.

Casey, Edward S., “The Element of Voluminousness: Depth and Place Re-Examined,” in Martin C. Dillon (ed.), *Merleau-Ponty Vivant*, Suny Press, 1991.

Cassirer, Ernst, Philosophie der Symbolischen Formen, Bd. III, Phänomenologie der Erkenntnis, Bruno Cassirer, 1929.（カッシーラー『シンボル形式の哲学3　認識の現象学』上、木田元／村岡晋一訳〔岩波文庫〕、岩波書店、一九九四年）

Charbonnier, Georges, *Le monologue du peintre*, G. Durier, [R. Julliard, 1959] 1980.

Chevreul, Michel Eugène, *De la loi du contraste simultané des couleurs et de l’assortiment des objets colorés*, Pitois-Levrault, 1839.（M・E・シュブルール『シュブルール色彩の調和と配色のすべて』佐藤邦夫訳、青娥書房、二〇〇九年）

クローデル、ポール『繻子の靴』上、渡辺守章訳（岩波文庫）、岩波書店、二〇〇五年

Colonna, Fabrice, “Merleau-Ponty et la simultanéité,” *Chiasmi International*, 4, 2002.

Colonna, Fabrice, “Merleau-Ponty, penseur de l’imaginaire,” *Chiasmi International*, 5, 2003.

Dastur, Françoise, *Chair et langage: Essais sur Merleau-Ponty*, La Versanne, Encre Marine, 2001.

Delaunay, Robert, *Du cubisme à l’art abstrait: Les Cahiers inédits de Robert Delaunay*, SEVPEN, 1957.

Deleuze, Gilles, “Bergson 1859-1941,” in Merleau-Ponty (publié sous la direction de), *Les philosophes célèbres*, L. Mazenod, 1956.（ジル・ドゥルーズ「ベルクソン」加賀野井秀一訳、モーリス・メルロ＝ポンティ編著『メルロ＝ポンティ哲学者事典』第三巻所収、加賀野井秀一／伊藤泰雄／本郷均／加國尚志監訳、白水社、二〇一七年）

ドゥルーズ、ジル『ベルクソンの哲学』宇波彰訳（叢書・ウニベルシタス）、法政大学出版局、一九七四年

ドゥルーズ、ジル『襞――ライプニッツとバロック』宇野邦一訳、河出書房新社、一九九八年

デカルト『精神指導の規則』野田又夫訳（岩波文庫）、岩波書店、一九五〇年

Descartes, René, *Œuvres philosophiques de Descartes*, Ferdinand Alquié (éd.), t. 1, Garnier Frères, 1963.

Descartes, René, “La dioptrique,” in Charles Adam et Paul Tannery (publiées par), *Œuvres de Descartes*, t. VI, J. Vrin, 1996.（ルネ・デカルト「屈折光学」青木靖三／水野和久訳、『デカルト著作集』第一巻、白水社、一九七三年）

Descartes, René, “Méditations touchant la première philosophie dans lesquelles l’existence de dieu et la distinction réelle entre l’âme et le corps de l’homme sont démonstrées,” in Charles Adam et Paul Tannery (publiées par), *Œuvres de Descartes*, t. IX, J. Vrin, 1996.（ルネ・デカルト『省察』山田弘明訳〔ちくま学芸文庫〕、筑摩書房、二〇〇六年）

Didi-Huberman, Georges, *Ce que nous voyons, ce qui nous regarde*, Minuit, 1992.

Dillon, Martin C., *Merleau-Ponty’s Ontology*, 2nd ed., Northwestern University Press, 1997.

Doran, P. Michael（présentée par）, *Conversations avec Cézanne*, Macula, 1978.（P・M・ドラン編『セザンヌ回想』高橋幸次／村上博哉訳、淡交社、一九九五年）

Dupond, Pascal, *Le vocabulaire de Merleau-Ponty*, Ellipses, 2001.

Dupond, Pascal, *Dictionnaire Merleau-Ponty*, Ellipses, 2007.

Eustachio a Sancto Paulo, *Summa philosophiae quadripartita: De rebus dialecticis, moralibus, physicis, et metaphysicis*, Carolus Chastellain, 1609.

Farago, Claire J., *Leonardo da Vinci's Paragone: A Critical Interpretation with a New Edition of the Text in the Codex Urbinas*, E. J. Brill, 1992.

Freud, Sigmund, "Aus der Geschichte einer infantilen Neurose," *Gesammelte Schriften*, Bd. VIII, Internationaler Psychoanalytischer Verlag, 1924.（フロイト「ある幼児期神経症の病歴より」『フロイト著作集9 技法・症例篇』小此木啓吾訳、人文書院、一九八三年）

福居純『デカルトの「観念」論――『省察』読解入門』知泉書館、二〇〇五年

船木亨『メルロ＝ポンティ入門』（ちくま新書）、筑摩書房、二〇〇〇年

船木亨「スタイルと真理――メルロ＝ポンティ哲学のめざすもの」、山田忠彰／小田部胤久編『スタイルの詩学――倫理学と美学の交叉』（叢書倫理学のフロンティア）所収、ナカニシヤ出版、二〇〇〇年

船木亨『「見ること」の哲学――鏡像と奥行』世界思想社、二〇〇一年

Garelli, Jacques, *Introcuction au logos du monde esthétique: De la "chôra" platonicienne au schématisme transcendantal et à l'expérience phénoménologique de l'être-au-monde*, Beauchesne, 2000.

Gasquet, Joachim, *Cézanne*, Cynara,［1926］1988.（ジョワシャン・ガスケ『セザンヌ』與謝野文子訳、求龍堂、一九八〇年）

Geraets, Théodore F., *Vers une nouvelle philosophie transcendantale: La genèse de la philosophie de Maurice Merleau-Ponty jusqu'à la Phénoménologie de la perception*, Martinus Nijhoff, 1971.

Gilson, Etienne, *Études sur le rôle de la pensée médiévale dans la formation du système cartésien*, J. Vrin, 1930.

Gilson, Etienne, *Index scolastico-cartésien*, 2zéme ed., J. Vrin, 1979.

Gueroult, Martial, "La voie de l'objectivité esthétique," in *Mélanges d'esthétique et de science de l'art: Offerts à Étienne Souriau par ses collègues, ses amis et ses disciples*, Nizet, 1952.

Haar, Michel, "Proximité et distance vis-à-vis de Heidegger chez le dernier Merleau-Ponty," in Merleau-Ponty, *Notes de cours sur L'origine de la géométrie de Husserl: suivi de Recherches sur la phénoménologie de Merleau-Ponty*, Renaud Barbaras（sous la direction de）, Presses universitaires de France, 1998.（ミシェル・アール「後期メルロ＝ポンティにおけるハイデガーとの近さと隔たり」本郷均訳、モーリス・メルロ＝ポンティ『フッサール『幾何学の起源』講義 付・メルロ＝ポンティ現象学の現在』所収、加賀野井秀一／伊藤泰雄／本郷均訳〔叢書・ウニベルシタス〕、法政大学出版局、二〇〇五年）

Hagelstein, Maud, "Art contemporain et phénoménologie: Réflexion sur le concept de lieu chez Georges Didi-Huberman," *Études*

phénoménologiques, 21(41/42), 2005.
Hegel, Georg Wilhelm Friedrich, “Vorlesungen über die Philosophie der Geschichte,” in Hermann Glockner（hrsg.）, *Sämtliche Werke*, Bd. XI, Fr. Frommanns, 1927.（ヘーゲル『歴史哲学講義』上・下、長谷川宏訳〔岩波文庫〕、岩波書店、一九九四年）
Hegel, Georg Wilhelm Friedrich, “Vorlesungen über die Philosophie der Religion,” in Hermann Glockner（hrsg.）, *Sämtliche Werke*, Bd. XV-XVI, Fr. Fromanns, 1928.（ヘーゲル『宗教哲学』上・中・下、木場深定改訳〔「ヘーゲル全集」第十五―十七巻〕、岩波書店、一九八二―一九八四年）
Heidegger, Martin, *Sein und Zeit*, Max Niemeyer, [1927] 2006.（マルティン・ハイデッガー『存在と時間』上・下、細谷貞雄訳〔ちくま学芸文庫〕、筑摩書房、一九九四年）
Heidegger, Martin, *Einführung in die Metaphysik*, Max Niemeyer, 1953.（マルティン・ハイデッガー『形而上学入門』川原栄峰訳〔平凡社ライブラリー〕、平凡社、一九九四年）
ハイデッガー『根拠律』辻村公一／ハルトムート・ブフナー訳、創文社、一九六二年
Henry, Anne, *Proust romancier: Le tombeau egyptien*, Flammarion, 1983.
廣松渉／港道隆『メルロ＝ポンティ』（二十世紀思想家文庫）、岩波書店、一九八三年
廣瀬浩司「まなざしの到来と自然のシンボリズム――制度の現象学と肉の存在論」、メルロ＝ポンティ・サークル編「メルロ＝ポンティ研究」創刊号、メルロ＝ポンティ・サークル、一九九五年
廣瀬浩司「自然と制度」、メルロ＝ポンティ・サークル編「メルロ＝ポンティ研究」第四号、メルロ＝ポンティ・サークル、一九九八年
Hirose, Koji, *Problématique de l’institution dans la dernière philosophie de Maurice Merleau-Ponty: Événement structure chair*, Numéro spécial des *Études de Langues et de Cultures*, no.2, Institut de Langues et de Cultures Modernes, Université de Tsukuba, 2004.
Husserl, Edmund, “Edmund Husserls Vorlesungen zur Phänomenologie des inneren Zeitbewußtseins,” in Martin Heidegger（hrsg.）, *Jahrbuch für Philosophie und phänomenologische Forschung*, Bd. IX, Tübingen, Max Niemeyer, 1928.（エドムント・フッサール『内的時間意識の現象学』立松弘孝訳、みすず書房、一九六七年）
Husserl, Edmund, *Husserliana, Bd. III: Ideen zu einer reinen Phänomenologie und phänomenologischen Philosophie, Erstes Buch, Allgemeine Einfühlung in die reine Phänomenologie*, in Walter Biemel（hrsg.）, Martinus Nijhoff, 1950.（エトムント・フッサール『イデーン――純粋現象学と現象学的哲学のための諸構想《イデーン》Ⅰ－１』渡辺二郎訳、みすず書房、一九七九年）
Husserl, Edmund, “Vom Ursprung der Geometrie,” in Walter Biemel（hrsg.）, *Husserliana, Bd. VI: Die Krisis der europäischen Wissenschaften und die transzendentale Phänomenologie*, Martinus Nijhoff, 1954.（エドムント・フッサール、ジャック・デリダ序説『幾何学の起源』田島節夫／矢島忠夫／鈴木修一訳〔現代思想叢書〕、青土社、一九七六年）
Husserl, Edmund, *Husserliana, Bd. XVII: Formale und transzendentale Logik, Versuch einer Kritik der logischen Vernunft*, in Paul Janssen（hrsg.）, Martinus Nijhoff, 1974.（エドムンド・フッセル『形式的論理学と先験的論理学』山口等澍訳、和広出版、一九七六年）

Husserl, Edmund, *Husserliana, Bd. XIX/1: Logische Untersuchungen. Zweiter Band. Untersuchungen zur Phänomenologie und Theorie der Erkenntnis, Erster Teil*, in Ursula Panzer (hrsg.), Martinus Nijhoff, 1984.（エドムント・フッサール『論理学研究』第三巻、立松弘孝／松井良和訳、みすず書房、一九七四年）

フッサール『デカルト的省察』浜渦辰二訳（岩波文庫）、岩波書店、二〇〇一年

家高洋『メルロ＝ポンティの空間論』大阪大学出版会、二〇一三年

Imdahl, Max, "Delaunay's Position in History," in Gustav Vriesen and Max Imdahl, *Robert Delaunay: Light and Color*, Harry N. Abrams, 1967.

稲垣良典『抽象と直観――中世後期認識理論の研究』創文社、一九九〇年

石黒ひで『ライプニッツの哲学――論理と言語を中心に』岩波書店、一九八四年

伊藤泰雄「奥行と無限――メルロ＝ポンティとマルブランシュ」、メルロ＝ポンティ・サークル編「メルロ＝ポンティ研究」創刊号、メルロ＝ポンティ・サークル、一九九五年

加賀野井秀一『メルロ＝ポンティと言語』(Phaenomenologica)、世界書院、一九八八年

加賀野井秀一「現象学の極限にあるメルロ＝ポンティとデリダ」、メルロ＝ポンティ・サークル編「メルロ＝ポンティ研究」第十一号、メルロ＝ポンティ・サークル、二〇〇七年

加國尚志「メルロ＝ポンティとシェリング」、西川富雄監修、高山守／長島隆／藤田正勝／松山寿一編『シェリング読本』所収、法政大学出版局、一九九四年

加國尚志「メルロ＝ポンティのハイデガー解釈――一九五八～五九年講義における」、メルロ＝ポンティ・サークル編「メルロ＝ポンティ研究」創刊号、メルロ＝ポンティ・サークル、一九九五年

加國尚志「世界の記憶と時のマグマ――接木された現象学のために」、理想社編「理想」第六百六十一号、理想社、一九九八年

加國尚志「「共同出生と同時性」――メルロ＝ポンティの哲学におけるクローデル文学の受容をめぐる一考察」、姫路獨協大学一般教育部編「姫路人間学研究」第二巻第一号、姫路獨協大学一般教育部、一九九九年

加國尚志『自然の現象学――メルロ＝ポンティと自然の哲学』晃洋書房、二〇〇二年

加國尚志「絵画を見るメルロ＝ポンティ――『眼と精神』の周辺をめぐって」「セゾンアートプログラム・ジャーナル」第十号、セゾンアートプログラムセンター、二〇〇三年

加國尚志「セザンヌの塗り残し」、水声社編「水声通信」第二巻第九号、水声社、二〇〇六年

加國尚志「ぼろ布、螺旋、渦巻――後期メルロ＝ポンティの自然観概説」、「総特集 メルロ＝ポンティ身体論の深化と拡張」「現代思想」二〇〇八年十二月臨時増刊号、青土社

加國尚志「世界の肉――メルロ＝ポンティとクロード・シモンについての小さな考察」、河出書房新社編『メルロ＝ポンティ――哲学のはじまり／はじまりの哲学』（KAWADE道の手帖）所収、河出書房新社、二〇一〇年

加國尚志「モンタージュ、同時性——メルロ＝ポンティにおける不在のイマージュ論に向けて」、日仏哲学会編集委員会編「フランス哲学思想研究」第十五号、日仏哲学会、二〇一〇年
加國尚志『沈黙の詩法——メルロ＝ポンティと表現の哲学』晃洋書房、二〇一六年
金田耕一『メルロ＝ポンティの政治哲学——政治の現象学』（「政治思想研究叢書」第七巻）、早稲田大学出版部、一九九六年
カント『判断力批判』上、宇都宮芳明訳注、以文社、一九九四年
加藤有希子「回転と飛躍——R・ドローネーの作品変遷にみる近代色彩調和論の一系譜」、三田芸術学会編「芸術学」第八号、三田芸術学会、二〇〇四年
河合大介「メルロ＝ポンティとミニマル・アートの理論」、メルロ＝ポンティ・サークル編「メルロ＝ポンティ研究」第十四号、メルロ＝ポンティ・サークル、二〇一〇年
川瀬雅也「習慣・時間・表現——メルロ＝ポンティにおける習慣の問題をめぐって」、メルロ＝ポンティ・サークル編「メルロ＝ポンティ研究」第三号、メルロ＝ポンティ・サークル、一九九七年
木田元『メルロ＝ポンティの思想』岩波書店、一九八四年
木田元『現象学の思想』（ちくま学芸文庫）、筑摩書房、二〇〇〇年
小林道夫『デカルト哲学の体系——自然学・形而上学・道徳論』勁草書房、一九九五年
コフカ、クルト『ゲシュタルト心理学の原理』新装版、鈴木正彌監訳、福村出版、一九九八年
河野哲也「「場」から「過程」へ——メルロ＝ポンティによる〝ホワイトヘッド〟」、日本ホワイトヘッド・プロセス学会編「プロセス思想」第九号、日本ホワイトヘッド・プロセス学会、二〇〇〇年
河野哲也『メルロ＝ポンティの意味論』創文社、二〇〇〇年
クラウス、ロザリンド・E『オリジナリティと反復——ロザリンド・クラウス美術評論集』小西信之訳、リブロポート、一九九四年
熊野純彦『メルロ＝ポンティ——哲学者は詩人でありうるか？』（シリーズ・哲学のエッセンス）、日本放送出版協会、二〇〇五年
Lefort, Claude, "Flesh and Otherness," in Galen A. Johnson and Michael B. Smith (eds.), *Ontology and Alterity in Merleau-Ponty*, Northwestern University Press, 1990.
Leibniz, Gottfried Wilhelm, *La monadologie, publiée d'après les manuscrits et accompagnèe d'éclaircissements par Emile Beutroux, suivie d'une note sur les principes de la mécanique dans Descartes et dans Leibnitz par Henri Poincarè*, 9ème éd, Delagrave, n. d.（ライプニッツ『単子論』河野与一訳〔岩波文庫〕、岩波書店、一九六一年）
Leibniz, Gottfried Wilhelm, "Discours de métaphysique," in Carl Immanuel Gerhardt (hrsg.), *Die philosophischen Schriften von Gottfried Wilhelm Leibniz*, Bd. IV, G. Olms, 1960.（ライプニッツ『形而上学叙説』河野与一訳〔岩波文庫〕、岩波書店、一九五〇年）
Leibniz, Gottofried Wilhelm, *Die philosophischen Schriften von Gottfried Wilhelm Leibniz*, Bd. VII, Carl Immanuel Gerhardt (hrsg.), G. Olms,

1978.

Léonard de Vinci, *Léonard de Vinci: Traité de la peinture*, André Chastel (traduit et reconstruit pour la premiere fois à partir de tous les manuscrits par), Club des libraires de France, 1960.

Leonardo da Vinci, *The Literary Works of Leonardo da Vinci*, 3rd ed., Vol. 1, Jean Paul Richter (compiled and edited from the original manuscripts by), Phaidon, 1970.（レオナルド・ダ・ヴィンチ、ジーン・ポール・リヒター編『レオナルド・ダ・ヴィンチの絵画論』杉田益次郎訳、アトリエ社、一九四一年）

Madison, Gary Brent, *La phénoménologie de Merleau-Ponty: Une recherche des limites de la conscience*, Klincksieck, 1973.

Malraux, André, *Le musée imaginaire*, A. Skira, 1947.（マルロオ『空想の美術館』小松清訳〔『東西美術論』第一巻〕、新潮社、一九五七年）

Malraux, André, *La création artistique*, A. Skira, 1948.（マルロオ『芸術的創造』小松清訳〔『東西美術論』第二巻〕、新潮社、一九五七年）

松浦寿夫「同時遍在性の魔」、坂口ふみ／小林康夫／西谷修／中沢新一編『「光」の解読』（『宗教への問い』第二巻）所収、岩波書店、二〇〇〇年

松永澄夫『知覚する私・理解する私』勁草書房、一九九三年

Mercury, Jean-Yves, *L'expressivité chez Merleau-Ponty: Du corps à la peinture*, L'Harmattan, 2000.

Merleau-Ponty, Maurice, *La structure du comportement*, Presses universitaires de France, [1942] 1990.（M・メルロ＝ポンティ『行動の構造』滝浦静雄／木田元訳、みすず書房、一九六四年）

Merleau-Ponty, Maurice, *Phénoménologie de la perception*, Gallimard, 1945.（M・メルロー＝ポンティ『知覚の現象学』全二巻、竹内芳郎／小木貞孝／木田元／宮本忠雄訳、みすず書房、一九六七年・一九七四年、M・メルロ＝ポンティ『知覚の現象学』中島盛夫訳〔叢書・ウニベルシタス〕、法政大学出版局、一九八二年、Maurice Merleau-Ponty, *Phenomenology of Perception*, Colin Smith (trans.), Routledge, 2000.）

Merleau-Ponty, Maurice, *Humanisme et terreur: Essai sur le problème communiste*, Gallimard, 1947.（モーリス・メルロー・ポンティ『ヒューマニズムとテロル』森本和夫訳、現代思潮社、一九五九年、メルロ＝ポンティ『ヒューマニズムとテロル』合田正人訳〔「メルロ＝ポンティ・コレクション」第六巻〕、みすず書房、二〇〇二年）

Merleau-Ponty, Maurice, *Sens et non-sens*, Gallimard, [Nagel, 1948] 1996.（M・メルロ＝ポンティ『意味と無意味』滝浦静雄／粟津則雄／木田元／海老坂武訳、みすず書房、一九八三年）

Merleau-Ponty, Maurice, *Les aventures de la dialectique*, Gallimard, 1955.（M・メルロ＝ポンティ『弁証法の冒険』滝浦静雄／木田元／田島節夫／市川浩訳、みすず書房、一九七二年）

Merleau-Ponty, Maurice, *Signes*, Gallimard, 1960.（M・メルロ＝ポンティ『シーニュ』第一巻、竹内芳郎監訳、みすず書房、一九六九年）

Merleau-Ponty, Maurice, *Éloge de la philosophie et autres essais*, Gallimard, 1960.（M・メルロ＝ポンティ「哲学をたたえて」『眼と精神』滝浦静雄／木田元訳、みすず書房、一九六六年）

Merleau-Ponty, Maurice, *Le visible et l'invisible, suivi de notes de travail*, Gallimard, 1964.（M・メルロ＝ポンティ『見えるものと見えないもの』

滝浦静雄／木田元訳、みすず書房、一九八九年、M・メルロ＝ポンティ、クロード・ルフォール編『見えるものと見えざるもの』中島盛夫監訳、伊藤泰雄／岩見徳夫／重野豊隆訳〔叢書・ウニベルシタス〕、法政大学出版局、一九九四年）

Merleau-Ponty, Maurice, *L'œil et l'esprit*, Gallimard, 1964.（M・メルロ＝ポンティ「眼と精神」『眼と精神』滝浦静雄／木田元訳、みすず書房、一九六六年）

Merleau-Ponty, Maurice, *Résumés de cours: Collège de france, 1952-1960*, Gallimard, 1968.（M・メルロ＝ポンティ『言語と自然――コレージュ・ドゥ・フランス講義要録1952－1960』滝浦静雄／木田元訳、みすず書房、一九七九年）

Merleau-Ponty, Maurice, *L'union de l'âme et du corps chez Malebranche, Biran et Bergson: Notes prises au cours de Maurice Merleau-Ponty à l'École Normale Supérieure (1947-1948)*, Jean Deprun (recueillies et rédigées par), J. Vrin, 1968.（モーリス・メルロ＝ポンティ『心身の合一――マールブランシュとビランとベルクソンにおける』滝浦静雄／中村文郎／砂原陽一訳〔ちくま学芸文庫〕、筑摩書房、二〇〇七年）

Merleau-Ponty, Maurice, *La prose du monde*, Gallimard, 1969.（M・メルロ＝ポンティ『世界の散文』滝浦静雄／木田元訳、みすず書房、一九七九年）

Merleau-Ponty, Maurice, *Merleau-Ponty à la Sorbonne: Résumé de cours, 1949-1952*, Cynara, 1988.（モーリス・メルロ＝ポンティ『意識と言語の獲得』木田元／鯨岡峻訳〔「ソルボンヌ講義」第1巻〕、みすず書房、一九九三年）

Merleau-Ponty, Maurice, *La nature: Notes, Cours du Collège de France*, Dominigue Ségland (établi et annoté par), Seuil, 1995.

Merleau-Ponty, Maurice, *Le primat de la perception et ses conséquences philosophiques (exposé du 23 novembre 1946)*, Verdier, 1996.（M・メルロ－ポンティ『メルロ－ポンティは語る――知覚の優位性とその哲学的帰結』菊川忠夫訳、御茶ノ水書房、一九八一年）

Merleau-Ponty, Maurice, *Notes de cours 1958-59 et 1960-61*, Stéphanie Ménasé (texte établi par), Gallimard, 1996.（M・メルロ＝ポンティ、ステファニー・メナセ編『コレージュ・ド・フランス講義草稿1959－1961』松葉祥一／廣瀬浩司／加國尚志訳、みすず書房、二〇一九年）

Merleau-Ponty, Maurice, *Parcours 1935-1951*, Verdier, 1997.（モーリス・メルロ＝ポンティ『知覚の本性――初期論文集』〔加賀野井秀一編訳（叢書・ウニベルシタス）、法政大学出版局、一九八八年〕に一部収録）

Merleau-Ponty, Maurice, *Notes de cours sur L'origine de la géométrie de Husserl, suivi de Recherches sur la phénoménologie de Merleau-Ponty*, Renaud Barbaras (sous la direction de), Presses universitaires de France, 1998.（モーリス・メルロ＝ポンティ『フッサール「幾何学の起源」講義 付・メルロ＝ポンティ現象学の現在』所収、加賀野井秀一／伊藤泰雄／本郷均訳〔叢書・ウニベルシタス〕、法政大学出版局、二〇〇五年）

Merleau-Ponty, Maurice, *Parcours deux 1951-1961*, Verdier, 2001.（モーリス・メルロ＝ポンティ『知覚の本性――初期論文集』〔加賀野井秀一編訳（叢書・ウニベルシタス）、法政大学出版局、一九八八年〕に一部収録）

Merleau-Ponty, Maurice, “Titre et travaux: Projet d'enseignement,” *Parcours deux 1951-1961*, Verdier, 2001.（モーリス・メルロ＝ポンティ「資格と業績――教育計画」松葉祥一訳、「総特集 メルロ＝ポンティ身体論の深化と拡張」「現代思想」二〇〇八年十二月臨時増刊号、青土社）

Merleau-Ponty, Maurice, "Notes sur Claude Simon," *Parcours deux: 1951-1961*, Verdier, 2001.（モーリス・メルロ＝ポンティ「クロード・シモンに関するノート」本郷均訳、「総特集 メルロ＝ポンティ身体論の深化と拡張」「現代思想」二〇〇八年十二月臨時増刊号、青土社）

Merleau-Ponty, Maurice, *Causeries: 1948*, Stéphanie Ménasé（établies et annotées par）, Seuil, 2002.（モーリス・メルロ＝ポンティ、ステファニ・メナセ校訂『知覚の哲学――ラジオ講演1948年』菅野盾樹訳〔ちくま学芸文庫〕、筑摩書房、二〇一一年）

Merleau-Ponty, Maurice, *L'institution dans l'histoire personnelle et publique: Le problème de la passivité, le sommeil, l'inconscient, la mémoire. Notes de cours au Collège de France（1954-1955）*, Dominique Darmaillacq, Claude Lefort et Stéphanie Ménasé（textes établis par）, Belin, 2003.

Merleau-Ponty, Maurice, "New Working Notes from the Period of The Visible and the Invisible," in Ted Toadvine and Leonard Lawlor（eds.）, *The Merleau-Ponty Reader*, Northwestern University Press, 2007.（モーリス・メルロ＝ポンティ「『見えるものと見えないもの』の時期の新研究ノート」松葉祥一訳、「総特集 メルロ＝ポンティ身体論の深化と拡張」「現代思想」二〇〇八年十二月臨時増刊号、青土社）

Merleau-Ponty, Maurice, *Le monde sensible et le monde de l'expression: Cours au Collège de France, Notes 1953*, Emmanuel de Saint Aubert et Stefan Kristensen（texte établi et annoté par）, Mētis Presses, 2011.

Merleau-Ponty, Maurice, *Recherches sur l'usage littéraire du langage: Cours au Collège de France, Notes, 1953*, Benedetta Zaccarello et Emmanuel de Saint Aubert（texte établi par）, Mētio Presses, 2013.

Merleau-Ponty, Maurice, *Entretiens avec Georges Charbonnier et autres dialogues, 1946-1959*, Verdier, 2016.

水野和久『他性の境界』（双書エニグマ）、勁草書房、二〇〇三年

Mongin, Olivier, "Depuis Lascaux," *Esprit*, 66(6), 1982.

Moreau, Joseph, *L'univers leibnizien*, E. Vitte, 1956.

村上隆夫『メルロ＝ポンティ』（Century books 人と思想）、清水書院、一九九二年

中島英司「デカルトの感覚知覚理論」、京都大学哲学論叢刊行会編「哲学論叢」第八号、京都大学哲学論叢刊行会、一九八一年

Neefs, Jacques, "Le style est vision（Merleau-Ponty et Claude Simon）," in Anne Simon et Nicolas Castin（textes réunis et présentés par）, *Merleau-Ponty et le littéraire*, Presses de l'École Normale Supérieure, 1997.

野間俊一『身体の哲学――精神医学からのアプローチ』（講談社選書メチエ）、講談社、二〇〇六年

貫成人『経験の構造――フッサール現象学の新しい全体像』勁草書房、二〇〇三年

小川昌宏「『知覚の現象学』における「奥行」と「世界」」、メルロ＝ポンティ・サークル編「メルロ＝ポンティ研究」第三号、メルロ＝ポンティ・サークル、一九九七年

大森荘蔵『大森荘蔵著作集第四巻 物と心』岩波書店、一九九九年

小田部胤久「「黙する自然」の語るとき、あるいは、「語る自然」の黙するとき――ロマン主義的芸術観とシェリング」、理想社編「理想」第六百七十四号、理想社、二〇〇五年

パノフスキー、エルウィン『〈象徴《シンボル》形式〉としての遠近法』木田元／川戸れい子／上村清雄訳、哲学書房、一九九三年
Pontremoli, Edouard, “Description fragmentaire d’un désastre：Sur Merleau-Ponty et Claude Simon,” in Marc Richir et Etienne Tassin（textes réunis par）, *Merleau-Ponty: Phénoménologie et expériences*, J. Millon, 1992.
Proust, Marcel, *À la recherche du temps perdu*, I, Pierre Clarac et André Ferré（texte établi et présenté par）, Bibliothèque de la Pléiade, Gallimard, 1954.（マルセル・プルースト『失われた時を求めて1 第一篇スワン家の方へ1』鈴木道彦訳〔集英社文庫へリテージシリーズ〕、集英社、二〇〇六年、同『失われた時を求めて2 第一篇スワン家の方へ2』鈴木道彦訳〔集英社文庫へリテージシリーズ〕、集英社、二〇〇六年、同『失われた時を求めて3 第二篇花咲く乙女たちのかげに1』鈴木道彦訳〔集英社文庫へリテージシリーズ〕、集英社、二〇〇六年、同『失われた時を求めて4 第二篇花咲く乙女たちのかげに2』鈴木道彦訳〔集英社文庫へリテージシリーズ〕、集英社、二〇〇六年）
Proust, Marcel, *À la recherche du temps perdu*, II, Pierre Clarac et André Ferré（texte établi et présenté par）, Bibliothèque de la Pléiade, Gallimard, 1954.（マルセル・プルースト『失われた時を求めて5 第三篇ゲルマントの方1』鈴木道彦訳〔集英社文庫へリテージシリーズ〕、集英社、二〇〇六年、同『失われた時を求めて6 第三篇ゲルマントの方2』鈴木道彦訳〔集英社文庫へリテージシリーズ〕、集英社、二〇〇六年、同『失われた時を求めて7 第四篇ソドムとゴモラ1』鈴木道彦訳〔集英社文庫へリテージシリーズ〕、集英社、二〇〇六年、同『失われた時を求めて8 第四篇ソドムとゴモラ2』鈴木道彦訳〔集英社文庫へリテージシリーズ〕、集英社、二〇〇六年）
Proust, Marcel, *À la recherche du temps perdu*, III, Pierre Clarac et André Ferré（texte établi et présenté par）, Bibliothèque de la Pléiade, Gallimard, 1954.（マルセル・プルースト『失われた時を求めて9 第五篇囚われの女1』鈴木道彦訳〔集英社文庫へリテージシリーズ〕、集英社、二〇〇七年、同『失われた時を求めて10 第五篇囚われの女2』鈴木道彦訳〔集英社文庫へリテージシリーズ〕、集英社、二〇〇七年、同『失われた時を求めて11 第六篇逃げ去る女』鈴木道彦訳〔集英社文庫へリテージシリーズ〕、集英社、二〇〇七年、同『失われた時を求めて12 第七篇見出された時1』鈴木道彦訳〔集英社文庫へリテージシリーズ〕、集英社、二〇〇七年、同『失われた時を求めて13 第七篇見出された時2』鈴木道彦訳〔集英社文庫へリテージシリーズ〕、集英社、二〇〇七年）
Richir, Marc, “La défenestration,” *L’Arc*, 46, 1971.
Richir, Marc, *Phénomènes, temps et êtres: Ontologie et phénoménologie*, J. Millon, 1987.
Robert, Franck, *Phénoménologie et ontologie*, L’Harmattan, 2005.
Rodin, Auguste, *L’art: Entretiens réunis par Paul Gsell*, Grasset, 1911.（ロダン、高田博厚／菊池一雄編『ロダンの言葉抄』高村光太郎訳〔岩波文庫〕、岩波書店、一九六〇年）
Roque, Georges, “Les vibrations colorées de Delaunay: Une des voies de l’abstraction,” in *Robert Delaunay, 1906-1914: De l’impressionnisme à l’abstraction*, Exh. cat., Centre Georges Pompidou, 1999.
Saint Aubert, Emmanuel de, *Le scénario cartésien: Recherches sur la formation et la cohérence de l’intention philosophique de Merleau-Ponty*, J. Vrin, 2005.

斎藤慶典『思考の臨界――超越論的現象学の徹底』勁草書房、二〇〇五年

Sartre, Jean-Paul, *L'être et le néant: Essai d'ontologie phénoménologique*, Gallimard, 1943.（J－P・サルトル『存在と無――現象学的存在論の試み』上・下、松浪信三郎訳、人文書院、一九九九年）

Sartre, Jean-Paul, *L'imaginaire: Psychologie phénoménologique de l'imagination*, rééd., Gallimard, [1940] 1986.（ジャン・ポール・サルトル『想像力の問題――想像力の現象学的心理学』平井啓之訳〔「サルトル全集」第十二巻〕、人文書院、一九五五年）

佐々木健一「デカルトに於ける美の快」、今道友信編「美學史研究叢書」第一輯所収、東京大学文学部美学芸術学研究室、一九七〇年

佐々木健一『美学辞典』東京大学出版会、一九九五年

佐藤康邦『絵画空間の哲学――思想史の中の遠近法』三元社、一九九二年

シャピロ、マイヤー「様式」、マイヤー・シャピロ／エルンスト・H・ゴンブリッチ『様式』所収、細井雄介／板倉壽郎訳、中央公論美術出版、一九九七年

Schelling, Friedrich Wilhelm, *Schellings Werke*, nach der Originalausgabe in neuer Anordnung, Manfred Schröter (hrsg.), Vierter Hauptband, C. H. Beck, 1927.

Schelling, Friedrich Wilhelm, *Die Weltalter: Fragmente, in der Urfassungen von 1811 und 1813*, Manfred Schröter (hrsg.), C. H. Beck, 1966.

篠憲二『現象学の系譜』(Phaenomenologica)、世界書院、一九九六年

スィシェル、ベルナール『メルロ＝ポンティあるいは哲学の身体』大崎博訳、サイエンティスト社、二〇〇三年

Simon, Anne, "Proust et l'«architecture» du visible," in Anne Simon et Nicolas Castin (textes réunis et présentés par), *Merleau-Ponty et le littéraire*, Presses de l'École Normale Supérieure, 1997.

Singer, Linda, "Merleau-Ponty on the Concept of Style," in Galen A. Johnson and Michael B. Smith (eds.), *The Merleau-Ponty Aesthetics Reader: Philosophy and Painting*, Northwestern University Press, 1994.

Slatman, Jenny, *L'expression au-delà de la représentation: Sur l'aisthêsis et l'esthétique chez Merleau-Ponty*, Peeters, 2003.

Souriau, Étienne, *L'instauration philosophique*, F. Alcan, 1939.

田島節夫『構造主義と弁証法』せりか書房、一九六八年

谷徹『意識の自然――現象学の可能性を拓く』勁草書房、一九九八年

谷川多佳子「遠近法・視覚・主体――デカルト、ラカン、メルロ＝ポンティ、そしてライプニッツをめぐって」、「哲学・思想論集」編集委員会編「哲学・思想論集」第三十号、筑波大学人文社会科学研究科哲学・思想専攻、二〇〇四年

冨田恭彦『アメリカ言語哲学の視点』(Sekaishiso seminar)、世界思想社、一九九六年

冨田恭彦『観念説の謎解き――ロックとバークリをめぐる誤読の論理』世界思想社、二〇〇六年

Vadé, Yve, *L'enchantement littéraire: Écriture et magie de Chateaubriand à Rimbaud*, Gallimard, 1990.

ヴァレリー『ヴァレリー詩集』鈴木信太郎訳（岩波文庫）、岩波書店、一九六八年
Vallier, Robert, "Être sauvage and the barbaric principle: Merleau-Ponty's reading of Schelling," *Chiasmi International*, 2, 2000.
Vallier, Robert, "Institution: The significance of Merleau-Ponty's 1954 Course at the Collège de France," *Chiasmi International*, 7, 2005.
鷲田清一『メルロ＝ポンティ――可逆性』講談社、一九九七年
鷲田清一『現象学の視線――分散する理性』（講談社学術文庫）、講談社、一九九七年
ヴェルフリン、ハインリヒ『美術史の基礎概念――近世美術における様式発展の問題』海津忠雄訳、慶應義塾大学出版会、二〇〇〇年
Wunenburger, Jean-Jacques, "La 'chair' des couleurs: perception et imaginal," in Marie Cariou, Renaud Barbaras et Etienne Bimbenet (textes réunis par), *Merleau-Ponty aux frontières de l'invisible*, Mimesis, 2003.
山田弘明『デカルト『省察』の研究』創文社、一九九四年
屋良朝彦『メルロ＝ポンティとレヴィナス――他者への覚醒』東信堂、二〇〇三年
湯沢英彦『プルースト的冒険――偶然・反復・倒錯』水声社、二〇〇一年

あとがき

本書は、筆者が二〇〇八年に東京大学大学院人文社会系研究科に提出した博士論文をもとにしたものである。博士号取得後すぐに出版しなかったのは、筆者の多忙や研究についての迷いや関心の移行など、様々な理由による。すでに十年以上の月日がたってからこれを出版することに迷いがなかったわけではない。しかし、メルロ＝ポンティの芸術論についての研究が欧米で続々と出版される一方で、日本ではまとまったものがほとんど出ていないということから、時間がたったとはいえ、本書を出版することの意義はいまもあると考えたのである。

博士論文の執筆にあたっては多くの方のお世話になっている。私は二十代半ばまで、美学や哲学を本格的に研究したことはなかった。それにもかかわらず、私を大学院へと迎えてくださり、美学の領域での最初の指導教員として厳しく指導してくださった佐々木健一先生には感謝してもしきれない。美学の初学者だったばかりでなく、そもそもアカデミックな論文というものをどのように書けばいいかわからずに苦しんでいた私に、先生は噛んで含めるように論文の一文ごとの論理のつながり方などまで指導してくださった。

また、その当時、東京大学美学研究室で教えておられた藤田一美先生、渡辺裕先生、小田部胤久先生からは、修士論文や、研究室内での、あるいは学会での私の発表に際して様々な助言をいただいた。佐々木先生退官後に指導していただいた西村清和先生には、本書のもとになった博士論文の指導で、論文の構成から文章に至るまで細かく神経の行き届いた指導を受けた。博士論文審査では、西村先生、渡辺先生、小田部先生のほか、藤田先生退官後に美学研究室に着任されたばかりだった、そしてご存命であれば研究室を担っていかれるはずだった故・安西信一先生、そして哲学科から審査に加わってくださった松永澄夫先生から厳しい指摘を次々と受けたことをいまも思い出す。先生方にはひとかたならぬお世話になった。この場を借りて感謝を申し上げたい。いまも私は論文を書くことに苦手意識があり、執筆に困難を覚えることは多いが、そのたびに、先生方の教えを思い出すことによって乗り越えている。

そして、私の最初の大学の指導教員だった美術評論家の峯村敏明先生にもここで心からお礼を申し上げたい。そもそも私が哲学に関心をもち、メルロ＝ポンティの名を知るにあたっては、峯村先生の影響が大きかったといまさらながらに思う。メルロ＝ポンティが用いた諸概念のなかでも特に〈存在〉の概念に私が注目するのは、峯村先生や先生が高く評価しておられた彫刻家の黒川弘毅先生の影響が、その後の私の考えや方向性を決定したからである。

また、出版不況のさなかに、本書の出版を快く引き受けてくださった青弓社の矢野未知生氏にも感謝を申し上げる。

最後に、私が大学に残って研究を続けることを許し、あまりにも長かった私の学生時代を支えてくれた、そしていまも支えてくれている家族に感謝したい。ありがとうございました。

二〇一九年五月七日

索　引

事項索引

隠蔽記憶 souvenirs − écrans　122,123,134,135

運動 mouvement　30,31,39,45,53,54,58,78,99,108,118,119,122,128,132,162,163,165,166,178,180,181,183,185−187,189,190,192,194,197

映画 cinéma　10,35,129,142,143,194

遠近法、遠近法的 perspective, perspectif　27,34,35,44,66−69,107,109,130−132,162,181,182,191

大きさ grandeur　27,28,34,35,42,44,117,131,132

奥行き profondeur　12,15−17,19−22,25−28,33,35−38,41−45,48,49,65,66−69,70,72,73,77,102,105,109−112,117,124,125,134,135,137,138,145−147,157−161,165−169,173,174,178,180−182,187−192,195−198

音楽 musique　10,104,139−144,147,149−151,154,171

絵画、絵 peinture　9−11,15,17,19,33,34,44,45,51−56,58−67,69,95,104−106,108,109,120,121,125,131,135,142,143,171,179,181−183,193,194,196,198

画家 peintre　10,33,34,51,53−61,63,66−68,95,105,109,117,121,128,129,133,136,142,159,174,179,180,182

嵩 voluminosité　21,110,159,196,197

過去 passé　15,17−22,29−31,33,36−38,41,42,49,51,53,55,57−66,68,73−76,80−86,94,95,119,122−124,133−135,146−151,154,156−161,163,166,167,168,173−175,188,190,195−197

過去把持 rétention　29,30,32,33,161

記憶 mémoire（世界の記憶 mémoire du monde）　18,28,32,33,35,47,80−84,86,95,99,120,122,123,133−135,139,146,149,157,174,175

基礎づけ Fundierung　40,41,48,76,90,92

共存不可能性 incompossibilité, incompossibilitas　44,105,106,110,111,125,157−159,175,183,191,198

距離 distance　15,16,20,21,26,27,31,33,35,42,43,45,48,84,108,110,111,132,133,160,161,165,179,195−197

記録簿 registre（開かれた記録簿 registre ouvert）　72,77,82,84−87,95,99,156,173

空間 espace　15−20,22,25,31−36,39,41,42,44,48,103,106,107,109,110,122,133,134,143,157,159−162,165,167−169,180,185,187−190,195,196,198

芸術、芸術家 art, artiste　9−12,15,17−19,22,33,57−59,63,67,68,102−104,121,125,136,140,141,143,144,147,150,170,171,174,178,179,181,185,193,196−198

参入 initiation　144,145,147,171

詩 poésie　96,104,120,121,129,136,142,143,175,176

次元 dimension　16,20,29,32,49,50,60,110,111,114,129,144,146,147,154,157,160,166,167,169,171

志向性 intentionalité　31,129,160,162,163,165,167,168,176,177

志向的形象 espèce intentionnelle　129,130

自 然、〈自 然〉nature, Nature　11,21,45,46,68,70－79,82,85,86,96,97,99,112－114,117,123,126－129,131,136,153,155,156,158,168,173,180,192,196
写真 photographie　35,185,186
身 体 corps　26,27,30,31,33,37－39,42,45,46,58,59,72,108,111－119,122,124,128,129,133,134,148,152,157,159,161－168,173,176,177,183,185,190－192,197
水準 niveau　27,40,144,154
制 度、設 立、定 め institution（定 め ら れ（た）instituée、設立する instituant）21,22,37,38,45－47,49－55,59－62,66,68,70,72,73,77,81,82,84－86,94,96,102,146,147,154,158,171,195,196
創設 fondation, Stiftung（原創設 Urstiftung、創設された fondé、創設されるもの le fondé、創設する fondant、創設するもの le fondant）39,40,46－48,59－61,70,82,95,147
想像的なもの l'imaginaire　17,120,122,124,133,172
想像力 imagination　120－122,135
存 在、〈存 在〉être, Etre　11,15,17,20－22,26,33,36,39－42,44,46,47,50,54－56,58－60,69,70,72,73,75,76,78－96,99,102－104,107,109－113,120,127,129,130,133,137,138,142,144,149,153,155-157,159,164－169,173,174,177,179,182,187,190,196,197
知 覚 perception　15－22,25－28,30,31,33－36,41－48,55,56,58,64,76,79,81,96,98,102,105,107,109,111,116－120,122－125,128,130,133,135,137,138,142,145－154,156－170,172,173,175－177,180－182,187－192,195－197
沈澱 sédimentation　40,192
同時性（同時）simultaneité　12,15－24,28,36,38,41,42,44,49,53,58,66,70,73－75,79,89,102,103,105,110,111,125,126,135,137,157－160,165－169,174,175,178－182,191,192,194,195,197,198
等値性の体系　système d'équivalence　56
動物性 animalité　113,114
捉えなおし、捉えなおす reprise, reprendre　33,42,55,56,61,65,67,85,95,102,130,163－165,167,198
肉 chair　11,15,21,22,70,102,105,111,112,114－117,119,123,125,128－130,137,138,145－148,150－152,154－159,161,162,166,168,169,173,197
パースペクティヴ perspective　17,19,25,26,166,179,181,188,191
パロール parole　62,63,142,151,171,172
反響 écho　117－119,122,124,130,152,173
文学 litérature　10,15,17,33,103,104,136,150,171,174,175
遍在性 ubiquité　185,188,189,192
弁 証 法 dialectique　20,36－39,41,46,53,68,70,71,77,97
本質 essence　25,40,51,62,76,79,83,86,88,91,93,103,115,119,138－141,143,144,147,149,151,153,154,172
身ぶり geste　56,58－60,68,121,129,142,185
メタモルフォーズ métamorphose　54,55,67,84,136
野 生 の 原 理 barbarische Princip, principe barbare　73－77,97,196
様式 style　53,56－61,63,67－69,118,119,152,194,196
呼びかけ appel　50,52,53,55,184,195
理念 idée　15,16,22,32,37,70,124,137－159,164,170－173,176

人名索引

［著者略歴］
川瀬智之（かわせ・ともゆき）
1971年、神奈川県生まれ
東京大学大学院人文社会系研究科博士課程美学芸術学専攻修了、博士（文学）
東京藝術大学美術学部芸術学科准教授
専攻は美学
論文に「ミケル・デュフレンヌの美学思想における想像力とイメージ」（「形象」第3号）、「メルロ＝ポンティの美術論――奥行きと運動における同時性」（「美学芸術学研究」第28号）、「「奥行き」における「同時性」――メルロ＝ポンティの時間論の展開」（「美学」第229号）など

メルロ＝ポンティの美学《びがく》　芸術と同時性

発行――2019年10月29日　第1刷
定価――3800円＋税
著者――川瀬智之
発行者――矢野恵二
発行所――株式会社青弓社
〒162-0801 東京都新宿区山吹町337
電話 03-3268-0381（代）
http://www.seikyusha.co.jp
印刷所――三松堂
製本所――三松堂

ISBN978-4-7872-1054-8　C0010

出口 顯／川田順造／小林康夫／小田 亮 ほか

読解レヴィ＝ストロース

現代思想に一撃を与えたレヴィ＝ストロースの思想を私たちはどのように受容し、解釈し、援用してきたのか。導入期から拡散期、そして新しい読解期である現在までの重要論文で思想の核心を提示する。　定価2800円＋税

高桑和巳

アガンベンの名を借りて

アガンベンの著書を翻訳して広く紹介している第一人者の論文などを集成した、アガンベンの思想の核を理解する入門書であり、同時に、その思考を借りて現代の文化や政治を考えるための最良の哲学レッスンの書。　定価3000円＋税

ジャン＝ジャック・リュブリナ　原 章二訳

哲学教師ジャンケレヴィッチ

現代思想の主流からは距離を取り続けたジャンケレヴィッチ。人文知が疲弊している現在、改めて注目が集まるその思想のエッセンスを紹介し、核心部分をていねいに解きほぐして可能性を明らかにする入門書。　定価3000円＋税

モーリス・アルヴァックス　鈴木智之訳

記憶の社会的枠組み

社会の成員が過去を想起するとき、「記憶の社会的枠組み」がいかに機能するのか。社会集団にとって記憶が、人々を統合するばかりでなく、ときに分断もするという社会的な機能を析出する「記憶の社会学」の嚆矢。　定価4800円＋税

トニー・ベネット／マイク・サヴィジ ほか

文化・階級・卓越化

『ディスタンクシオン』の問題設定・理論・方法を批判的に継承し、量的調査と質的調査を組み合わせて、趣味や嗜好などに関わるイギリスの文化が社会で資本としてどのように機能しているのかを明らかにする。　定価6000円＋税